MON CAHIER SÉRÉNITÉ

— ORIANE ROUSSET —

ILLUSTRATIONS
AUDREY BUSSI (INTÉRIEUR)
ET ISABELLE MAROGER ((OUVERTURE)

SOLAR ÉDITIONS

INTRODUCTION

Traverser la vie avec calme, sérénité et confiance... C'est ce à quoi vous aspirez ? Même si pour le moment, vous avez plutôt l'impression d'essuyer tempête sur tempête, de surfer en permanence sur des vagues de 8 mètres et de finir vos journées lessivée ? La bonne nouvelle, c'est que vous détenez déjà vos propres pouvoirs pour devenir une déesse sereine et centrée sur son équilibre intérieur. Car mener une vie sereine, ce n'est pas tenter d'échapper à ses aléas, c'est apprendre à maintenir l'équilibre de notre bonheur, malgré les difficultés.

La sérénité, c'est un état à (re)trouver pour pouvoir profiter pleinement de la vie, et on va vous donner dans ce cahier tous les outils pour vous aider au quotidien à maintenir cet équilibre si précieux : du yoga à la méditation, en passant par de la sylvothérapie, une alimentation good mood ou encore des petits rituels à créer pour jalonner l'année de moments précieux, juste pour vous.

Pollution, charge mentale et pression sociétale : nos vies sont remplies de facteurs de stress qui grignotent notre énergie vitale jour après jour. Mais rien n'est irrémédiable, vous avez toutes les ressources en vous pour créer un quotidien serein en choisissant un lifestyle plus en harmonie avec vous-même, la nature et l'univers.

En prenant les rênes de votre vie, en apprenant à mieux connaître vos besoins et à vous délester des choses inutiles, vous posez les bases de votre équilibre et de votre sérénité.

Vous tenez votre bien-être entre vos mains !

TEST

OÙ EN ÊTES-VOUS AVEC VOTRE SÉRÉNITÉ ?

Savez-vous ce qui vous fait défaut pour vivre sereinement ? Découvrez-le en faisant le test, pour en apprendre un peu plus sur vous et aborder ce cahier en toute conscience.

Le terme sérénité vous évoque plutôt…

△ Une absence de stress.
□ Une vie sans problème.
○ Une utopie !

Comment voyez-vous votre corps ?

△ Votre corps est important, vous en prenez soin.
□ Votre corps, c'est un peu un étranger !
○ Votre corps est fatigué, comme vous !

Quand vous êtes stressée…

○ Vous ne dormez plus, vous perdez l'appétit.
□ Vous compensez avec la nourriture, vous êtes irritable, vous vous défoulez sur les autres.
△ Vous ne vous en rendez pas compte… avant de frôler le burn-out !

Comment retrouvez-vous le chemin de la sérénité ?

△ Vous testez la dernière appli de méditation ou le dernier complément alimentaire vu sur Instagram.
□ Vous vous dites qu'il n'y a rien à faire, que ça passera.
○ Vous attendez les vacances pour vous requinquer.

Votre philosophie de vie…

△ « J'agis donc je suis ! » Vous êtes tout le temps dans l'action, rien ne vous arrête.
□ « Tout est écrit, tout ce qui doit arriver arrive. » Vous croyez au destin et n'avez pas trop de pouvoir sur votre vie…
○ Vous n'avez pas eu le temps de trouver une ligne directrice pour votre vie… Vous êtes trop débordée !

On vous dit souvent que vous êtes trop…

△ Cérébrale.
○ Émotive.
□ Influençable.

Face à une actualité anxiogène, comment réagissez-vous ?

△ Vous imaginez les pires scénarios catastrophe.
○ Vous êtes paralysée par la peur.
□ Vous priez pour que le monde revienne à la raison.

Que souhaiteriez-vous le plus actuellement ?

□ Avoir une baguette magique pour changer des choses dans votre vie.
○ Avoir des journées de 48 heures pour pouvoir tout faire.
△ Que tout soit sous contrôle.

FAITES LES COMPTES !

△	○	□

Vous avez une majorité de △ : *vous avez besoin de lâcher prise…*

Le contrôle, c'est pour vous le seul moyen de gérer votre vie, vos projets, votre stress. Perdre le contrôle est votre plus grande peur… Mais le contrôle est une illusion, et vous ne serez jamais sereine en tentant de tout maîtriser.

Vous avez besoin de vous faire confiance en laissant tomber le freaking control. Lorsqu'on cherche à maîtriser la situation, on est aveugle aux opportunités qui se présentent. Lâcher le contrôle ouvre des possibilités insoupçonnées et nous permet également de développer en nous les ressources nécessaires pour avancer, affronter une épreuve. Cessez de penser que la vulnérabilité est un défaut, c'est au contraire une merveilleuse chance de se découvrir, s'accepter et faire la paix avec soi pour vivre plus sereinement.

Votre rituel phare ? La libération émotionnelle. On vous dit comment, au fil des pages de ce cahier, crier, danser et vous exprimer pour lâcher votre côté control freak. Libérez-vous !

Vous avez une majorité de ○ : *vous avez besoin de prendre du temps pour vous…*

On vous a appris que s'occuper de soi était égoïste, du coup vous ne vous occupez que des autres ! Manque de temps : l'excuse que vous utilisez pour ne pas prendre soin de vous car vous ne savez pas comment faire… Or, lorsqu'on ne s'occupe pas de soi, le manque

d'amour et d'écoute de soi qui en résulte impacte nos relations, notre vie, et nous en faisons payer inconsciemment le prix à nos proches en reportant ce manque sur eux. Prendre du temps pour soi est en fait le contraire de l'égoïsme!

➾ Apprenez à passer du temps avec vous, à connaître vos besoins, à vous faire du bien. Votre estime de vous et votre paix intérieure se renforceront, et vous saurez bien mieux vous occuper des autres. Votre sérénité rayonnera.

Votre rituel phare? Le miracle morning, p. 44 et les rituels cocooning (p. 44, «Une pause sacrée rien que pour moi»), pour commencer votre journée uniquement pour vous.

Vous avez une majorité de □ : *vous avez besoin de prendre la responsabilité de votre bien-être...*

Vous pensez toujours qu'une pilule miracle va guérir votre stress et vos angoisses, vous attendez souvent des autres qu'ils soient là pour vous rassurer, vous ne supportez pas d'être seule et avez tendance à esquiver vos problèmes, à compenser par la nourriture, les réseaux sociaux...

➾ Vous avez grand besoin d'apprendre à vous connaître et à vous faire confiance, pour prendre la responsabilité de votre sérénité. Si chercher des solutions ailleurs finira par vous épuiser, car c'est un processus sans fin, trouver les solutions en vous, en apprenant à vous connaître et en acceptant de prendre la responsabilité de votre bien-être, vous apportera un pouvoir infini et une grande capacité à rester zen et centrée.

Votre rituel phare? La méditation (voir p. 34) et le yoga pour vous connecter pleinement à vous-même et à votre intuition.

Chapitre 1

La sérénité, une question de pouvoir personnel

Les anciens savaient comment prendre soin les uns des autres, en réunissant leurs forces, en les puisant aussi dans la nature et les saisons, en faisant confiance à leur instinct, à leur intuition. Si nous avons perdu ces habitudes précieuses, la société moderne et les réseaux collectifs nous offrent aujourd'hui de multiples possibilités pour nous émanciper et créer notre propre bien-être. Ce chapitre va vous aider à comprendre que tout est déjà là, à votre portée, que vous avez les clés de votre bien-être et de votre sérénité, et qu'il suffit juste d'apprendre à les utiliser.

La sérénité, qu'est-ce que c'est ?

Be quiet !

Un ciel bleu sans nuage est souvent passager, et il en va de même pour notre météo intérieure. Maintenir durablement un état serein malgré une météo interne ou externe changeante est un travail d'équilibriste, et ça s'apprend ! Prenez une grande inspiration, et préparez-vous à lâcher prise, car le secret est de danser avec le vent et non d'essayer à tout prix de le contrôler. Eh oui, vouloir tout contrôler nous rend rigide et, pour rester sereine malgré les aléas du quotidien, il est important de savoir être flexible. Dans ce cahier, on ne vous proposera pas de vous retirer dans un monastère loin des tumultes de la vie pour trouver le calme et le bonheur, on vous donne plutôt des solutions pratiques pour changer de perspective, prendre du recul et vous reconnecter à votre joie intérieure, pour qu'elle soit le moteur de votre vie.

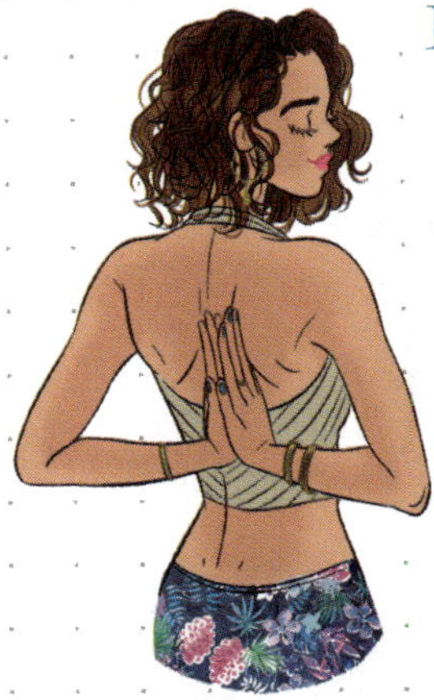

Les 3 secrets de la sérénité

1. Faire confiance

Que vous décidiez de faire confiance à l'Univers, à la vie, à votre foi ou à vos anges gardiens, cela revient au même, c'est à vous que vous décidez de faire confiance et, de cette façon, vous abolissez vos limites. On ne peut pas savoir de quoi l'on est capable si on ne se donne pas la chance d'essayer. Souvent, nos véritables capacités et possibilités se révèlent au moment où nous en avons besoin. Nous disposons de beaucoup plus de ressources que ce que nous pensons.

2. Lâcher prise

Quand on lâche prise, on ne se résigne pas, bien au contraire. Lâcher prise, c'est renoncer à vouloir contrôler ce qui ne peut pas l'être, et c'est très « empouvoirant » ! Lorsque l'on cherche à tout contrôler, on réduit l'espace et le champ des possibles : lorsqu'on reste focalisé sur ce que l'on souhaite sans l'obtenir, on ne perçoit pas les autres opportunités. Avec un peu de confiance, le lâcher-prise est possible. Au-delà de la peur, vous savez que tout ira bien, d'une façon ou d'une autre.

3. Être dans le présent

Ce qui n'est plus et ne peut plus être se trouve dans le passé. Quant à l'avenir, il n'existe pas encore. Votre sérénité, elle, se trouve dans le présent. Si vous vivez les choses pleinement, en confiance et que vous lâchez prise sur ce qui n'est plus ou n'est pas encore, alors vous êtes dans le présent, là où tout se trouve.

« Je ne suis ni mes pensées, ni mes émotions, ni mes perceptions sensorielles, ni mes expériences. Je ne suis pas le contenu de ma vie. Je suis l'espace dans lequel tout se produit. Je suis la conscience. Je suis le Présent. », nous dit l'enseignant spirituel Eckart Tolle, dans son livre *Le Pouvoir du moment présent* (éd. Ariane ou J'ai lu). La définition de la sérénité pourrait presque se résumer à cette citation. La sérénité se situe dans le moment présent, quand nous y sommes ancrée, et la sérénité s'installe lorsqu'on laisse les regrets ou les remords dans le passé et que l'on ne projette pas ses peurs dans un futur qui n'est pas encore écrit. Mais soyons honnêtes, ce n'est pas évident tous les jours, et les obstacles à un éternel état serein sont nombreux…

Qu'est-ce qui entame notre sérénité?

Le stress et son impact sur la santé

Véritable fléau du XXIe siècle, le stress entame notre capital bien-être et peut détériorer notre santé physique et mentale. Il fait partie de notre quotidien à tous, et pourtant nous ne connaissons pas grand-chose à son fonctionnement. Le stress n'est pas l'ennemi à abattre, il n'est pas toujours négatif. En fait il est même utile et nécessaire.

C'est une réaction psychophysiologique normale de l'organisme, intervenant dans les situations exigeantes ou qui demandent une adaptation (courir pour attraper le bus quand on est en retard, parler en public ou même avoir une réflexion intense sur un nouveau sujet, par exemple). Nous sommes faits pour nous adapter physiquement et psychologiquement en permanence aux variations de notre environnement, et notre corps alloue l'énergie nécessaire à nos besoins pour maintenir son équilibre, l'homéostasie, dans ces moments intenses, notamment grâce à 2 hormones : l'adrénaline et le cortisol. Le stress est un moteur indispensable, mais lorsque la quantité de facteurs de stress dépasse nos capacités d'adaptation, que notre corps s'épuise à essayer de s'adapter et qu'il n'arrive plus à réguler correctement ses hormones, le stress devient chronique et nocif pour notre santé physique et psychique. Le rythme effréné de notre vie moderne nous demande une énorme capacité d'action et d'adaptation et génère donc beaucoup de stress.

La solution? Il est important de s'octroyer régulièrement des moments de calme, de repos, sans stimuli extérieurs, pour récupérer et sortir du schéma de stress chronique. Ce cahier est truffé de ces petits moments pour vous, à choisir selon vos affinités.

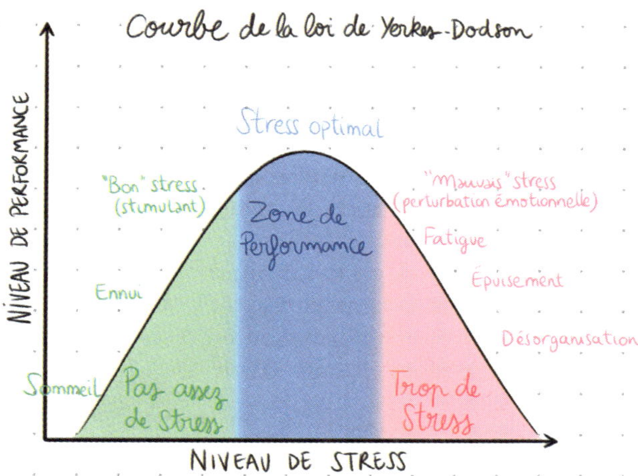

Quick tip quand je manque de temps... Mettez la tête en bas, en vous penchant en avant par exemple, cela permet de réguler le taux de cortisol en stimulant les glandes surrénales situées au-dessus des reins. Énergétiquement parlant, se pencher en avant permet également de faire passer le cœur par-dessus le mental, pour faire taire les pensées parasites. Une bonne façon de lâcher prise et de retrouver un peu de sérénité en quelques secondes !

Un mental suractif et envahissant

Vous n'avez pas parfois l'impression d'être un cerveau sur pattes ? Une machine à penser… et à penser négatif ? Là aussi, rien de plus normal, c'est une question d'évolution. En effet, l'être humain est programmé pour garder en mémoire les mauvaises expériences afin qu'elles lui servent de leçon. Si aujourd'hui notre vie n'est plus mise en danger à la moindre erreur commise, notre cerveau a tout de même gardé ce mode de fonctionnement, et nous collectionnons plus facilement les expériences négatives que les pensées agréables.

Le problème d'un mental trop envahissant et négatif, c'est qu'il crée des émotions négatives influant sur notre humeur, notre santé et l'estime de soi qui vont créer à long terme des schémas de pensées négatives drivant nos actions et nos vies.

Heureusement, notre cerveau a une grande plasticité, c'est-à-dire que nous pouvons le remodeler, le reprogrammer, l'inciter à diriger ses ressources dans d'autres directions, en créant de nouveaux schémas de pensées et de vie ! Vous découvrirez dans ce cahier comment pratiquer la gratitude et la pensée positive quotidiennement peut renverser la vapeur. C'est l'un des outils les plus précieux et faciles à utiliser que nous possédons.

Un environnement pollué

Ce n'est pas un secret, notre environnement est pollué. Mais les pollutions les plus néfastes ne se trouvent pas forcément là où l'on croit ! En ville, les sollicitations sonores (travaux, circulation, foule) ou visuelles (publicités) demandent à notre cerveau une capacité incroyable d'adaptation constante, créant beaucoup de stress. Accro à votre smartphone ? **Les réseaux sociaux, conçus pour nous rendre addicts** et maintenir artificiellement notre attention, sont encore plus dangereux, car on y perd la notion du temps, scrollant à l'infini et sans but.

Notre environnement familial, amical, professionnel peut lui aussi être toxique. Nous sommes de véritables éponges, absorbant sans arrêt les informations qui sont à notre portée. Si les sources d'information en question ne sont pas nécessairement mal intentionnées, il faut savoir faire le tri et se préserver. Si votre boss a tendance à passer ses nerfs sur vous parce qu'il est sous pression ou que votre mère aime partager quotidiennement ses inquiétudes sur la vie avec vous, prenez du recul et apprenez à ne pas prendre les choses personnellement. Posez des limites dès que c'est nécessaire, préservez-vous en vous accordant du temps, loin de tout.

Les 3 petits singes

Si nous ne posons pas de filtre sur notre environnement, nous nous polluons et entamons notre capital bien-être. Connaissez-vous les 3 singes de la sagesse, un symbole asiatique ? Le premier se bouche les oreilles, le second se cache les yeux, le troisième a les mains devant la bouche. Cette maxime, signifiant « Ne pas voir le Mal, ne pas entendre le Mal, ne pas dire le Mal » est vraisemblablement inspirée de la parole de Confucius. Ces 3 singes, l'aveugle, le sourd et le muet, nous encouragent à ne pas entretenir le mal en le regardant, en l'écoutant ou en le disant, et à garder notre paix intérieure pour préserver notre bien-être en choisissant ce que nous écoutons, regardons et de quoi nous discutons.

La Méditation des 3 singes

Voici comment, en quelques instants, concrétiser la sage parole de Confucius, en s'isolant du monde extérieur pour retrouver la paix et s'éloigner de l'agitation.
Comment procéder ? Frottez ensemble les paumes de vos mains pour les réchauffer. Fermez la bouche et les yeux, puis placez le bout de vos doigts serrés contre les paupières et les pouces sur vos oreilles pour les boucher. Relâchez coudes et épaules. Respirez lentement en vous coupant de l'extérieur, jusqu'à sentir la pression redescendre, puis retirez les mains et ouvrez les yeux. Pratiquez cette pause régulièrement pour détendre vos yeux, mettre votre système nerveux au repos et prendre du recul avec l'extérieur…

Les injonctions sociétales : toujours plus !

La société ne nous veut pas que du bien. Elle nous demande d'être de plus en plus performante (plus rapide, plus adaptable, plus créative, plus mince, plus forte) pour répondre à ses critères. Même le bien-être est injonctif aujourd'hui ! Dans les médias et sur les réseaux sociaux, il faut afficher son bonheur sous forme de mantras et de postures de yoga. La performance du bien-être pour contrer la performance sociétale, c'est culpabilisant, non ?

Pour stopper le yo-yo en matière d'équilibre émotionnel, je vous propose plutôt de suivre votre chemin, unique et personnalisable, et d'y aller à votre rythme. Prenez ici tous les conseils qui vous correspondent et résonnent avec qui vous êtes, afin de créer votre bien-être, un bien-être durable. Reprenez les manettes de votre vie et ne laissez plus la société vous dicter comment vous devez vous sentir. Les émotions, positives comme négatives, les coups de blues ou de déprime sont tout à fait normaux, alors ne les teintez pas d'un sentiment de culpabilité. Prenez le temps d'accueillir ce que vous ressentez et, quand ça ne va pas, acceptez-le, ça passera plus facilement. Les émotions doivent s'exprimer et circuler ! Ne résistez pas.

J'accueille et j'exprime mes émotions

Une émotion, c'est de l'énergie en mouvement, de l'énergie qui a besoin de circuler ! Crier, pleurer, dire ce que l'on a sur le cœur, voilà d'excellents moyens d'exprimer ses émotions et de sortir ce trop-plein d'énergie qui est à l'étroit en soi ! Lorsqu'on laisse l'émotion pleinement s'exprimer, on ressent un soulagement immédiat. Si vous n'avez pas la possibilité de laisser parler votre émotion à l'instant où elle apparaît, faites en sorte de vous isoler dès que possible pour lui permettre de s'exprimer (littéralement « presser, pousser en dehors, à l'extérieur »). Quand les larmes coulent, ressentez le flux d'énergie qui circule, ne retenez rien.

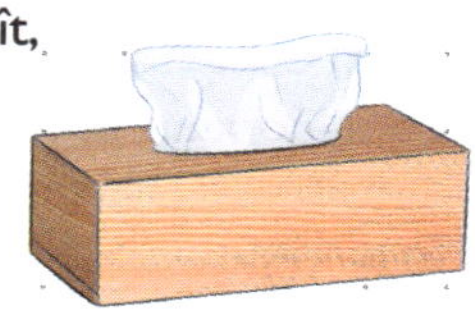

Quick tip pour libérer ma colère

La société ne nous autorise plus, en tant qu'adulte, à hurler de toutes nos forces nos colères et frustrations. Pourtant, le cri est véritablement libérateur. Et pour crier, pas besoin du son. Vous pouvez tout à fait crier silencieusement quand le feu monte en vous, vous verrez que cela produira le même soulagement qu'un cri sonore. Votre souffle suffit amplement à projeter l'énergie de votre émotion vers l'extérieur.

Déséquilibres hormonaux et bad mood

On n'y pense pas souvent, mais nous sommes pure chimie, et notre humeur dépend beaucoup des réactions qui se produisent dans notre corps. Les hormones que nous produisons servent à réguler nos rythmes de veille et de sommeil, la température de notre corps, notre métabolisme et même notre humeur. Manquer de sérotonine, par exemple, peut conduire à des états dépressifs sévères. La production de nos hormones est sensible au stress, à la pollution atmosphérique, aux changements, à un déséquilibre alimentaire (voir nos conseils alimentation good mood p. 27). Pour que notre système hormonal fonctionne correctement, il faut traiter notre corps avec tout le respect et l'attention qu'il mérite, notamment en respectant la machine fabuleuse qu'il est !

Visualisation de mon corps fabuleux

Dédiez une petite méditation à votre corps, il le mérite bien, et vous en récolterez tous les bénéfices ! Fermez les yeux, respirez dans tout votre corps, dans toutes vos cellules, dans tous vos organes en imaginant l'oxygène les nourrir sur vos inspirations. Ressentez une harmonie dans votre corps, votre respiration, vos organes qui fonctionnent en symbiose. Puis visualisez vos organes et le sang qui y circule baignés d'une lumière dorée et chaude. Tout votre corps est lumineux, scintillant.
Prenez enfin le temps de remercier ce corps pour tout ce qu'il vous permet de faire au quotidien, aimer, parler, danser, rire et bouger, goûter… et n'oubliez pas de continuer à exprimer votre gratitude au quotidien en vous traitant avec bienveillance.

Notre nature féminine cyclique

Tout comme la nature qui varie au fil des saisons, les différentes phases de notre cycle menstruel changent notre paysage émotionnel, notre énergie physique, notre attitude (énergique ou calme, extravertie ou au contraire introspective…). Pourtant, dominée par un fonctionnement masculin et hyperactif, la société nous demande d'avoir un rythme et une humeur constants. Nier nos besoins, notamment de repos, peut conduire à dérégler

notre cycle et notre organisme, alors qu'accepter d'en v
nement et consciemment les différentes phases peut n
à l'équilibrer et à vivre de façon plus apaisée nos émotions, les douleurs physiques et le syndrome prémenstruel, qui peut se caractériser par une irritabilité, une émotivité exacerbée quelques jours avant les règles, voire un état dépressif, mais aussi des migraines, des douleurs mammaires pendant cette phase de changement hormonal. Être à l'écoute de nos besoins en cette période est primordial pour gérer aux mieux les désagréments du SPM.

2 façons de vivre mon cycle de manière plus sereine et naturelle

- Je change de protections menstruelles en optant pour la coupe menstruelle, les serviettes réutilisables ou les culottes de règles Contrairement aux tampons ou aux serviettes jetables, souvent bourrés de produits chimiques (dont des perturbateurs endocriniens), ces protections nous reconnectent au sang, à sa quantité, à sa dimension sacrée également (il est encore souvent considéré comme sale alors même qu'il est symbole de vie). En plus d'être zéro déchet, ces protections témoignent du fait que la période des règles n'est pas anodine pour une femme. C'est un moment où le corps a besoin de repos, un moment où il faut s'écouter. Si vous le pouvez, troquez le reflexe « médicaments antidouleurs » contre une bouillotte posée sur le ventre, dont la chaleur apaisera les spasmes utérins et l'inflammation et détendra les muscles du ventre. Votre cerveau intègrera mieux le besoin de repos.

- Je me reconnecte au cycle lunaire (voir chapitre 4, « Je suis les cycles de la Lune », p. 77)
La Lune a toujours été liée au féminin. Elle est associée à une énergie yin, féminine. Comme le cycle menstruel, le cycle lunaire compte environ 28 jours. Il peut influer sur nos humeurs et notre sommeil, tout comme notre cycle hormonal. Vous réaligner avec la Lune et ses phases peut donc vous aider à vous reconnecter à votre propre cycle et à ce que le féminin a de sacré. Incarner son féminin sacré, c'est d'ailleurs reconnaître et assumer que nous sommes cycliques, et suivre les cycles lunaires peut vous aider à réintégrer cette partie de votre féminité, mais aussi à vous relier à la nature et à son pouvoir harmonisant et apaisant.

Les outils pour retrouver sa sérénité

La sérénité est un équilibre à retrouver ! Et c'est vous qui êtes la garante de cet équilibre. Votre bonheur et votre bien-être dépendent de vous avant tout. Même si les obstacles sont nombreux, il existe beaucoup d'outils pour vous aider. Vous ne pouvez pas contrôler ce qui arrive, mais vous pouvez décider de la manière dont vous y réagissez.

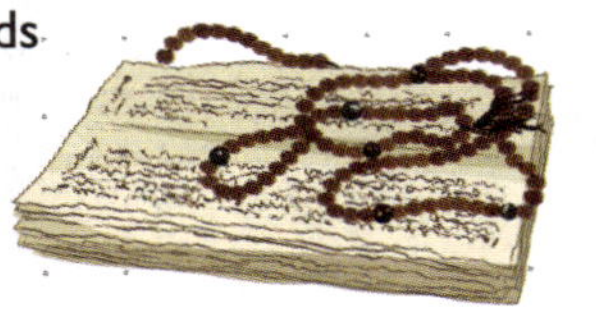

Votre fil conducteur et nouveau mantra pourrait être : « Je reprends le pouvoir sur ma vie ! » Ne laissez plus la responsabilité de votre bien-être entre les mains de quelqu'un d'autre. Répétez-vous ce mantra chaque matin, jusqu'à ce qu'il imprègne votre ADN. Le pouvoir d'atteindre la paix et la sérénité, c'est vous qui l'avez !

Je respire, tout simplement

Respirer, la clé de la sérénité ?

Cela paraît simple, et pourtant ça ne l'est pas tant que ça ! Respirer est un acte aussi vital qu'inconscient, et lorsque l'on fait les choses sans y penser, on les fait parfois mal. Nous sommes nombreuses à ne pas savoir respirer, c'est-à-dire à avoir une respiration uniquement thoracique alors qu'elle devrait impliquer un mouvement du ventre… Nous avons souvent une respiration trop courte, saccadée, et faisons même parfois de l'apnée sans nous en apercevoir !

Si notre respiration est si indisciplinée, c'est qu'elle est directement impactée par nos émotions, le stress, les angoisses et les soucis. Son rythme fluctue, tout comme le rythme cardiaque, au gré de ce qui nous traverse. La langue française compte d'ailleurs quelques expressions qui illustrent bien ce phénomène. On est « à bout de souffle » lorsque l'on est vidée de son énergie, on « reprend son souffle » quand on peut enfin se poser après une activité effrénée, on « retient son souffle » quand on appréhende quelque chose, on a « le souffle coupé » après un choc…

Énergie vitale

Le *prana* est un terme sanskrit désignant à la fois le souffle, le fait de respirer et l'énergie vitale que nous inspirons et dont nous nous nourrissons. La qualité de notre respiration est donc primordiale, et ça tombe bien, elle se travaille.

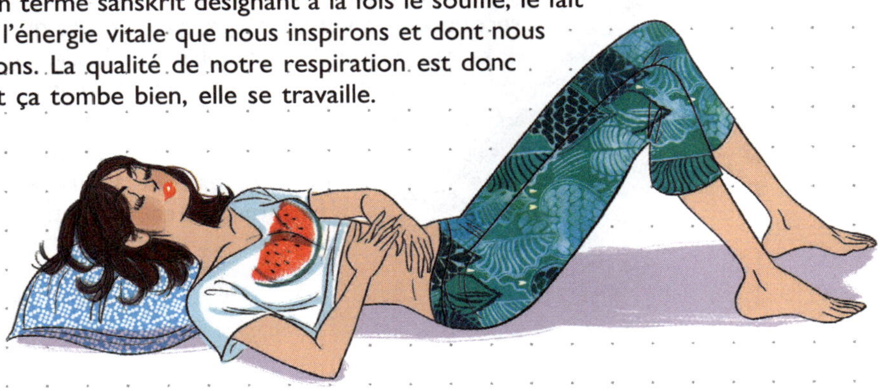

Le diaphragme est le muscle principal de la respiration. Il s'abaisse vers le ventre à l'inspiration et revient en position initiale à l'expiration. Pour bien utiliser notre diaphragme et avoir une respiration ample et profonde, qui oxygène correctement les cellules et masse les organes, il est important d'apprendre à bouger le ventre.

Comment on ouvre son diaphragme ? Sur les inspirations, gonflez bien le ventre, laissez les côtes s'ouvrir puis la poitrine se soulever, et sur les expirations relâchez la poitrine, puis le ventre, dans cet ordre. Vous pouvez aussi glisser vos doigts sous vos côtes au niveau de l'estomac pour masser doucement le diaphragme et le détendre.

Kit de pranayama d'urgence pour ne plus laisser votre sérénité s'échapper par vos narines !

10 respirations

Cet exercice vous prendra seulement le temps de 10 respirations pour faire redescendre le stress, même dans les pires moments. Si vous vous habituez à le faire dès que le stress monte, vous l'utiliserez de plus en plus naturellement, même sans y penser, lorsque vous en aurez besoin.
Lorsque vous sentez que vous êtes en apnée, que vous n'arrivez pas à sortir la tête de l'eau ou que vous avez besoin de prendre du recul avant de prendre une décision, fermez les yeux et concentrez-vous sur votre souffle, le temps de 10 longues respirations. Vous verrez qu'en rouvrant les yeux, vos perspectives auront changé.

La cohérence cardiaque

Il s'agit d'apaiser et de réguler le rythme cardiaque par un exercice de respiration, pour réduire le stress. Cet exercice favorise la sécrétion de dopamine, hormone du plaisir, et de sérotonine, prévenant la dépression et l'anxiété, tout en faisant baisser le taux de cortisol, l'hormone du stress. La cohérence cardiaque peut aussi réduire l'hypertension artérielle, diminuer les risques cardiovasculaires et réduire l'état inflammatoire.

Vous pouvez pratiquer cet exercice assise ou allongée. La respiration doit être la plus lente et régulière possible. Comptez lentement jusqu'à 5 sur chaque inspiration et de même sur chaque expiration. Faites cela pendant 5 minutes et répétez l'exercice jusqu'à 6 fois par jour. Plus vous pratiquerez la cohérence cardiaque, plus vous en ressentirez les effets.

La respiration lunaire

Elle permet d'apaiser le mental et de détendre le système nerveux. Elle active *Ida*, l'un de nos *Nadis* (canaux énergétiques), lié au système nerveux parasympathique, chargé de ralentir le rythme

du corps. Vous pouvez pratiquer cette respiration après une journée chargée et lorsque vous vous sentez agitée au coucher.
Assise le dos droit, fermez la narine droite avec le pouce. Inspirez par la narine gauche, puis fermez la narine gauche avec l'annulaire avant d'expirer par la narine droite. Continuez sur 12 respirations, le plus lentement possible.

Le développement personnel, l'art de faire la paix avec soi

Le développement personnel, c'est l'art d'apprendre à se connaître pour être en paix avec soi-même et les autres. Toutes vos relations dépendent en effet de celle que vous tissez avec vous-même. Imaginez que la seule personne qui sera là du début jusqu'à la fin de votre vie, c'est vous, vous êtes donc la première de vos relations à entretenir avec soin ! Cette relation avec vous est la clé d'une vie épanouie et d'amitiés et d'amours épanouissantes, car quand nos besoins ne sont pas comblés, c'est dans nos relations difficiles avec l'autre que se reflètent ces manques. Alors, embarquez pour le plus beau voyage que vous ferez de votre vie, celui qui mène à vous !

La thérapie à médiation corporelle, pour se libérer des schémas bloquants

Entamer une thérapie est un excellent moyen de prendre la responsabilité de sa vie et de se redonner du pouvoir. Psychanalyse et psychothérapie ne sont pas les seuls moyens de se libérer de nos chaînes et de se sentir en paix avec son histoire. Connaissez-vous les thérapies à médiation corporelle ? Au lieu de passer par les mots, on interroge le corps pour libérer les blocages profonds qui entravent notre épanouissement. Le thérapeute peut utiliser diverses techniques qui lui sont propres, passant par les sens, comme le toucher avec le massage ou la manipulation, ou encore l'utilisation de sons pour entrer en vibration avec le corps. Si le conscient est la partie émergée de l'iceberg, la plus grande partie, l'inconscient, est reliée au corps. Tout ce qui ne se manifeste pas consciemment le fait inconsciemment dans le corps. On somatise, on crée des maladies, sources de souffrances. Alors pourquoi ne pas faire le chemin en sens inverse et passer par le corps pour défaire les blocages de l'esprit et retrouver un état de sérénité durable ?

Mon expérience en thérapie corporelle : la somatothérapie

J'ai consulté une somatothérapeute il y a 10 ans, alors que je ne parvenais pas à trouver ma voie professionnelle. *Soma* veut dire corps. Dans le corps, on peut lire notre histoire, nos traumatismes, qui s'inscrivent comme dans un livre, jusque dans nos cellules. Le thérapeute cherche à éveiller les mémoires cellulaires du corps, pour que s'exprime ce qui n'a pas pu s'exprimer par le passé. Grâce à un travail sur le souffle et les canaux énergétiques (appelés *Nadis* en sanskrit, leur fonction est de faire circuler le *prana*, énergie vitale, à travers les chakras) ma thérapeute m'a aidée à faire circuler l'énergie bloquée et à défaire les schémas que j'avais inconsciemment construits, et qui empêchaient mon évolution. Après 2 ans de thérapie, ma vie a pris un tournant totalement différent et j'ai décidé d'entreprendre une formation pour devenir professeure de yoga et travailler dans le domaine du bien-être. Cette thérapie est le plus beau cadeau que je me suis fait à moi-même.

La pensée positive et la gratitude, pour un reconditionnement positif

Il ne s'agit pas là de se voiler la face et d'oublier ses problèmes mais plutôt de rediriger son énergie pour donner plus d'importance et de valeur aux choses positives. Nous avons naturellement tendance à nous souvenir des choses négatives, mais nous pouvons reprendre le pouvoir sur notre mental et nos vieux conditionnements ancrés pour décider de cultiver ce qui a le plus d'importance pour nous.

Pratiquer régulièrement la gratitude est le moyen le plus simple de se reconnecter au positif. C'est la voie directe vers le bonheur ! Dans le fait d'être reconnaissant, il y a la notion de reconnaître, c'est-à-dire d'admettre ce qui est déjà là. Prendre conscience de toutes les choses positives qui nous entourent, et prendre le temps de ressentir de la gratitude envers elles, nous procure un sentiment de joie et de grande sérénité. Dire merci aux personnes qui partagent notre vie, aux rayons du Soleil qui caressent notre peau, au goût sucré d'un fruit d'été ou à un compliment reçu qui nous remplit le cœur de joie, tout cela nous rappelle que la vie et l'univers sont abondance ! Nous faisons partie de ce Tout et avons pleinement le droit de profiter de cette abondance. Entrez dans la danse de l'univers en cultivant la gratitude dans votre vie !

La pratique de la gratitude

Vous pouvez intégrer facilement la pratique de la gratitude à votre vie par des petits rituels quotidiens. Vous pouvez tenir un journal quotidien de gratitude, où vous noterez chaque jour ce qui vous a fait vibrer. Commencez par une chose par jour si c'est difficile, vous verrez que vous passerez vite à 3, puis 5 et plus sans que votre vie ait changé, c'est votre perception qui aura changé. Tout est déjà là !

Lors d'une pause matinale pour commencer la journée sur une note positive, ou le soir, pour bien la terminer, concentrez-vous sur tout ce qui vous procure un sentiment de reconnaissance dans l'instant présent. Tout ce à quoi vous aimeriez dire merci.

Réaligner ses chakras, pour être en accord avec soi

Issus de l'hindouisme, les chakras, ou roues d'énergie, désignent des centres énergétiques du corps humain. Ils correspondent également à des plexus nerveux, c'est-à-dire à des zones

du corps où se concentre une grande activité nerveuse et énergétique. Nous possédons 7 chakras principaux, situés le long de l'axe de la colonne vertébrale, et des milliers de chakras secondaires, également corrélés au système des méridiens chinois.

Les chakras ont une dimension physique, énergétique et émotionnelle. Les maux qui leur sont associés peuvent nous bloquer sur tous ces plans, et agir sur notre bien-être et notre sérénité. Si cette relation, entre physique, énergétique et émotionnel, n'est pas reconnue par la médecine allopathique (occidentale), l'association entre maux et chakras est bien présente dans nos expressions populaires. L'un des exemples les plus parlants est celui du cœur. On associe communément l'organe physique du cœur, chargé de pomper le sang dans le corps, au sentiment d'amour, de la tendresse à la passion. Quand on dit de quelqu'un qu'il a un grand cœur, on ne parle pas de son organe, mais bien de sa générosité, de sa capacité d'accueil, de sa gentillesse, des qualités également attribuables au chakra du cœur.

Se familiariser avec notre système de chakras nous donne de puissants outils pour retrouver la sérénité et se recentrer lorsqu'on en ressent le besoin. C'est un véritable outil de développement personnel à votre portée.

Le chakra racine

Situé à la base de la colonne vertébrale, au niveau du plancher pelvien, le chakra racine représente nos fondations, notre stabilité. Il a trait à la sécurité, à nos besoins fondamentaux de survie, et nous relie à l'énergie de la Terre-mère, de la vie. Quand l'énergie circule de manière optimale dans ce centre, nous nous sentons équilibrée, en sécurité, en harmonie avec la vie.

Quand rééquilibrer mon chakra ?

Quand vous vous sentez en insécurité, que vous avez peur du changement, de manquer, d'être abandonnée, quand vous êtes déstabilisée, que vous avez besoin de repères à la suite d'un changement, d'un déménagement…

Comment rééquilibrer mon chakra ?

- Avec une posture d'ancrage issue du yoga, comme la posture de l'arbre
  Debout, placez votre pied droit à l'intérieur de la cheville, du mollet ou de la cuisse droite selon votre équilibre, puis positionnez les mains jointes devant le cœur ou les bras étirés vers le ciel. Expirez vers la terre en visualisant des racines partant de la plante de votre pied s'ancrer profondément dans le sol, inspirez depuis ces racines jusqu'au sommet du crâne, en vous nourrissant de l'énergie de la terre. Faites au moins 5 respirations de chaque côté.

- Nourrissez-vous de produits de la terre…
  … comme les légumes racines, pommes de terre, carottes, radis et céleri-rave, qui poussent dans le sol et vous transmettront cette énergie tellurique.

- Mettez aussi les mains dans la terre…
  … en jardinant, en rempotant des fleurs, en plantant des graines pour vous reconnecter à l'élément terre et solidifier vos racines et votre stabilité.
- Prenez du temps…
  … avec votre clan, vos amis, votre famille, en réaffirmant vos liens, vos affinités et vos racines communes.
- Portez des couleurs dans les teintes rouges, rouille, marron
  Ce sont les couleurs de la terre qui sont traditionnellement associées au 1er chakra et à son harmonisation.

Le chakra sacré

Situé au niveau du sacrum et du bas-ventre, c'est le chakra de l'énergie vitale, de la sexualité, de la joie et de la passion, des désirs. Joie de vivre et sexualité épanouie sont intimement liées. *Libido* signifie en effet désir de vivre avant de signifier désir sexuel.
Ce chakra, situé dans le bassin, où la vie prend forme, berce aussi notre enfant intérieur et garde nos émotions. Quand ce chakra est équilibré, nous vivons une vie et une sexualité sereines, en accord avec nos désirs et nos émotions.

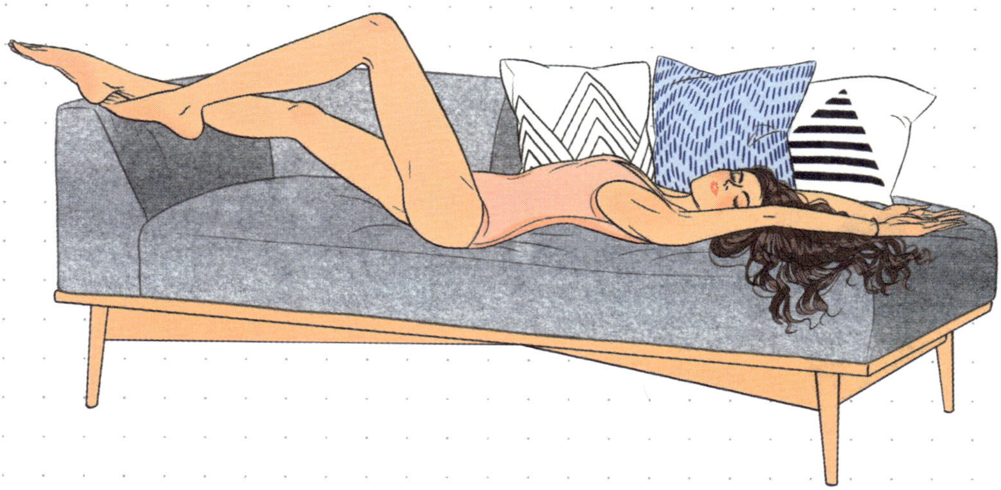

Quand rééquilibrer mon chakra?

Quand votre libido ou votre créativité sont en berne, que vous avez du mal à vous connecter à vos émotions, en cas de grande timidité, de tendance au repli.

Comment rééquilibrer mon chakra ?

- En pratiquant l'ouverture des hanches, grâce à la posture de la déesse
  Ouvrez les pieds vers l'extérieur et écartez les jambes de deux fois la largeur de vos hanches au minimum. Pliez les genoux et étirez le coccyx vers le sol tout en allongeant buste et dos.
  Placez les mains en cactus, coudes pliés à la hauteur des épaules, mains vers le haut. Sentez-vous puissante dans cette posture, laissez le bassin s'ouvrir et prendre de la place. Gardez la pose au moins 5 respirations profondes.
- Asseyez-vous en tailleur, un peu chaque jour, pour assouplir la zone du bassin
  Nous n'avons pas l'habitude de le faire en Occident, c'est pourtant très bénéfique pour les hanches et les maux qui peuvent leur être liés.
- Profitez des plaisirs de la table
  Le chakra sacré est lié au sens du goût, alors pour vous reconnecter au plaisir des sens, cultivez votre gourmandise.

Le chakra du plexus solaire

Situé quelques centimètres au-dessus du nombril, c'est le chakra de la force d'action, de la volonté, notre soleil intérieur, qui rayonne sur l'extérieur. Il façonne notre relation aux autres et au monde. Quand il est équilibré, nous savons qui nous sommes et n'avons pas peur de le montrer, nous rayonnons, avons confiance en nous et nos relations sont épanouissantes.

Quand rééquilibrer mon chakra ?

Quand vous avez peur d'aller de l'avant, que vous vous souciez trop de votre image, que vous vous dévalorisez et manquez de confiance en vous.

Comment rééquilibrer mon chakra ?

- Pratiquez la respiration du feu (*Kapalabhati* en sanskrit)
  En posture assise, allongez bien la colonne, puis expirez d'un coup en poussant le nombril vers la colonne avant d'inspirer de manière automatique. Enchaînez cette respiration en cycles de 30 secondes au début à 3 minutes lorsque vous y serez habituée.
  Cette respiration intense amène du feu, de la chaleur, de l'énergie dans votre ventre pour stimuler cette zone et augmenter le rayonnement de votre plexus solaire.

○ Activez votre feu digestif, votre pouvoir de digestion, de transformation…
… grâce à des épices réchauffantes qui favorisent la digestion comme le cumin, le carvi, le curcuma, à saupoudrer sur vos plats, à mélanger avec vos tisanes ou à siroter (comme le fameux Chai indien). Le chakra du plexus solaire est en effet relié aux organes digestifs.

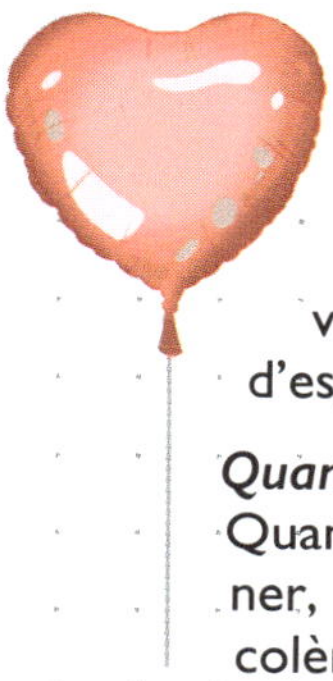

Le chakra du cœur

Localisé au niveau du sternum, c'est le chakra de l'acceptation et de l'amour de soi et des autres, de la compassion. L'espace du cœur est un espace d'échange entre soi et l'extérieur, un espace pour donner et recevoir. Quand ce chakra est équilibré, la joie de vivre est votre moteur, vos émotions s'expriment librement, vous êtes capable d'accueil, d'ouverture d'esprit, de générosité.

Quand rééquilibrer mon chakra ?

Quand vous manquez d'estime pour vous-même, que vous ne savez pas pardonner, que vous êtes dépendante de l'amour de l'autre, que vous ressentez de la colère, de la haine, de la jalousie.

Comment rééquilibrer mon chakra ?

○ Pratiquez une posture d'ouverture du cœur
On a tendance à refermer les épaules et à se voûter pour se protéger et refermer l'espace du cœur. Ouvrir physiquement la cage thoracique permet de lâcher nos protections et d'être dans une intention d'accueil.
Assise en tailleur ou sur les talons, posez le bout des doigts derrière les fesses, roulez les épaules vers l'arrière en activant le haut du dos, poussez la poitrine vers l'avant comme une offrande au monde et renversez la tête en arrière si vos cervicales vous le permettent, sinon rentrez légèrement le menton vers la poitrine, et restez ainsi 5 respirations en ouvrant bien les côtes.

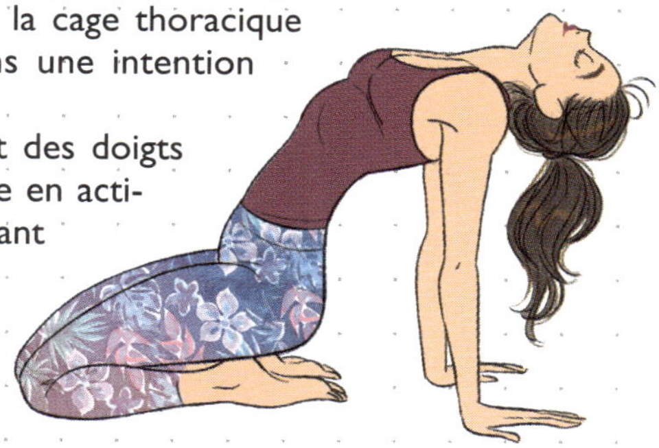

○ Pratiquez ensuite la posture du papillon
L'espace du cœur se trouve aussi à l'arrière du thorax, entre les omoplates. Symboliquement, cette posture permet de libérer le cœur lourd de nos préoccupations, de ce que nous gardons à l'intérieur, et de faire passer le cœur au-dessus du mental. Assise au sol, rassemblez les plantes de vos pieds puis penchez le buste vers avant. Essayez de pratiquer cette posture de façon immobile pendant 5 minutes pour un lâcher-prise immédiat, en dirigeant mentalement le souffle le long de la colonne, du coccyx vers les cervicales à l'inspiration, et en visualisant l'expiration par-dessus la tête comme pour vider votre sac.

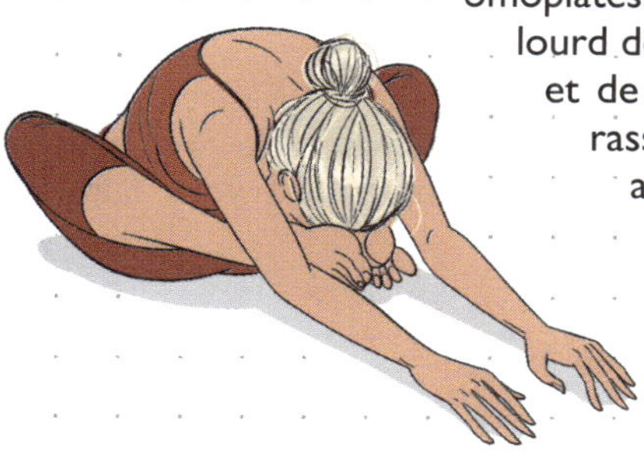

- Choisissez des affirmations positives à vous répéter chaque jour
« Je m'aime et je m'accepte totalement et inconditionnellement », « je suis entourée d'amour », « je mérite l'amour », par exemple.

Le chakra de la gorge

Situé au niveau du plexus de la gorge, c'est le chakra de la communication verbale et artistique. Il nous permet d'exprimer qui nous sommes, de matérialiser nos désirs et besoins en les mettant au monde. Quand il est équilibré, il nous permet d'être en accord avec nous-même, de dire notre vérité, de nous sentir en confiance.

Quand rééquilibrer mon chakra?

Quand vous avez peur de vous exprimer en public, que vous ne vous sentez pas à l'aise face aux autres et avez peur d'être jugée, si votre éducation vous a empêchée de vous exprimer librement ou que vous avez du mal à argumenter ou à défendre vos idées.

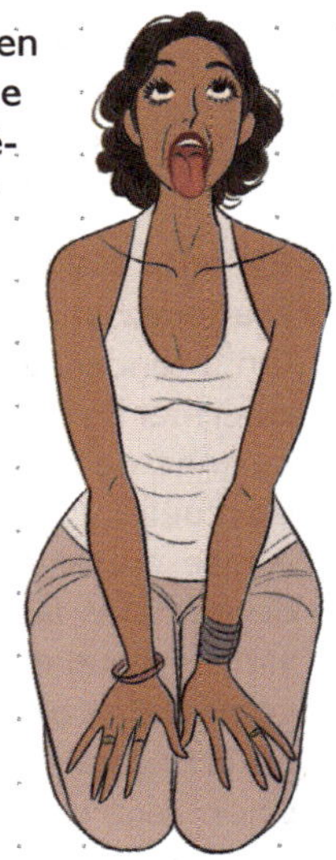

Comment rééquilibrer mon chakra?

- Utilisez votre voix : chantez, sous votre douche, au karaoké, dans la nature ou en voiture, pour faire vibrer vos cordes vocales et être plus à l'aise avec ce chakra.
- Pratiquez la posture du lion
Une posture sonore qui permet de nettoyer poumons et gorge de tout ce qui y stagne, y compris les mots et désirs non exprimés! Assise sur les talons, les mains posées sur les cuisses, inspirez par le nez, puis expirez bruyamment et avec force en ouvrant la bouche, en tirant la langue et en écarquillant les yeux. Bref, « rugissez » : « RAAHHHHH ! » Répétez 10 fois.

Le chakra du 3e œil

Situé dans l'espace entre les 2 sourcils, lié à la glande pinéale qui se trouve au centre du cerveau, c'est le centre de la clairvoyance et de l'intuition. Lorsqu'il est équilibré, nous savons utiliser notre intuition, nous concentrer, rassembler nos idées, user de discernement.

Quand rééquilibrer mon chakra?

Quand vous avez du mal à sortir de votre zone de confort, que vous vous accrochez au matériel, que vous refusez le changement, que vous faites preuve de rigidité.

Comment rééquilibrer mon chakra?

- Pratiquez une petite méditation quotidienne centrée sur le 3e œil
(Voir aussi chapitre 2, p. 34, pour choisir la méditation qui vous va)

Les yeux fermés, respirez à travers le 3e œil, en visualisant le flux d'air entrer par ce point, nettoyer vos pensées, et ressortir ensuite.

- Développez votre intuition en vous connectant à votre inconscient grâce à vos rêves
  Notez chaque jour vos rêves dans un carnet dès que vous ouvrez les yeux, pour vous connecter à votre inconscient et ouvrir une porte petit à petit. Vous pouvez également apprendre à tirer les cartes, une excellente manière de développer votre intuition.

Le chakra couronne

Situé juste au-dessus du sommet du crâne, c'est le chakra divin, celui qui nous relie à l'univers, à notre dimension spirituelle, reliée au Tout. Il est équilibré lorsque les chakras inférieurs sont en harmonie. Nous sommes alors en accord avec l'univers et nous-même et nous nous réalisons.

Quand rééquilibrer mon chakra ?

Quand vous avez tendance à rejeter toute forme de spiritualité, que vous vous réfugiez dans la matérialité et devenez trop « autocentrée », que vous avez tendance à avoir beaucoup d'ego, à ne pas avoir les pieds sur terre.

Comment rééquilibrer mon chakra ?

- Rapprochez-vous de la nature, pour vous sentir proche des éléments : émerveillez-vous d'un coucher de soleil, de la délicatesse d'un pétale de fleur, marchez en forêt, écoutez l'océan, ou observez simplement le ciel, plus grand que vous, depuis votre fenêtre.
- Cultivez l'altruisme pour vous libérer de vos penchants égoïstes et limités. Rendez service aux autres, soyez plus attentives à leurs besoins, faites du bénévolat dans une association…

Habiter mon corps, socle de ma sérénité

Notre corps est une merveilleuse machine, un fabuleux trésor qui nous permet de communiquer, de ressentir, de mettre au monde des enfants comme des projets ! Notre corps que nous aimons parfois si mal, que nous habitons si peu ! Pourtant ce corps est notre maison, et il est important d'investir sa maison pour s'y sentir sereine et en sécurité. Heureusement, depuis quelque temps, un retour au corps s'opère dans notre société. On le revalorise, on le réécoute, on lui redonne de l'importance. Prendre le pouvoir ne signifie plus aujourd'hui maîtriser son corps, mais le connaître et l'habiter pleinement, dans toutes ses dimensions.

Je détoxifie mon corps

Un corps équilibré est un corps où tout circule. Rien dans le corps n'est fait pour stagner. Fluides, toxines ou émotions, tout doit constamment bouger, et le fait d'ailleurs naturellement, sans que nous en ayons conscience. Nous pouvons aider notre corps de plusieurs façons pour lui faciliter la tâche ! Tous nos fluides sont en constant mouvement, transportant nutriments et oxygène pour nourrir nos cellules, mais aussi toxines et déchets pour qu'ils soient éliminés. Ce rôle de nettoyage, ce sont nos émonctoires qui s'en chargent. Les émonctoires ou organes-filtres sont les intestins et le foie, les reins, les poumons et la peau. Ce sont les garants d'un corps sain et serein ! Si tout ce travail se produit naturellement à l'intérieur, c'est toutefois à nous de le faciliter de l'extérieur. Chouchoutez vos émonctoires, ils vous le rendront !

Je mets mes émonctoires au repos

Pour aider nos émonctoires et ne pas surcharger notre organisme, il est important de rester active, de manger sainement (tout en se faisant plaisir !), mais aussi de faciliter le travail de détox de notre organisme…

Pratiquez le jeûne intermittent

Il s'agit de laisser le système digestif au repos 16 heures par jour et de concentrer ses repas sur une plage horaire de 8 heures. La digestion demande beaucoup d'énergie, surtout si les aliments à digérer sont nombreux ou de faible qualité nutritionnelle. Si vous dînez tard et prenez votre petit déjeuner tôt le matin, votre organisme passe d'une phase de digestion à une autre sans s'arrêter, et s'épuise. Le jeûne intermittent redonne à l'organisme du temps pour se nettoyer, se régénérer, produire des hormones, etc.

À vous de voir si vous préférez zapper le repas du soir ou celui du matin, c'est vraiment une question de feeling. Ne le voyez pas comme une punition ! Réjouissez-vous de vous coucher le ventre léger (votre sommeil n'en sera que meilleur) et accueillez votre sensation de faim comme une preuve de bonne santé.

Le jeûne intermittent peut se pratiquer toute l'année si cela vous convient, ou seulement par période.

Attention toutefois, le jeûne intermittent comme les détox et monodiètes ne sont pas faits pour tout le monde, et contre-indiqués aux enfants, aux femmes enceintes, aux personnes ayant du diabète ou un indice de masse corporelle (IMC) bas.

Essayez la monodiète !

Dans l'alimentation moderne, nous consommons un grand nombre d'aliments irritants et inflammatoires pour les intestins, comme les produits transformés, l'alcool, les produits laitiers, les céréales. C'est un stress à gérer au quotidien pour notre intestin.

Le principe de la monodiète est de laisser à votre organisme la possibilité de se reposer en ne lui donnant qu'un type d'aliment à digérer pendant une période allant de 3 jours à une semaine. Un esprit serein commence par un ventre serein!
Raisin, riz, pomme ou pomme de terre pour les plus connus, c'est à vous de choisir l'aliment qui vous convient.
Ne vous mettez pas la pression, vous pouvez commencer par une monodiète d'une journée, et continuer le lendemain si tout va bien!
Quand? La monodiète se pratique idéalement après les fêtes ou les vacances, aux changements de saison (printemps et automne), mais aussi à tout moment, quand vous en ressentez le besoin.

Je bouge!

Le mouvement c'est la vie! Notre corps est fait pour bouger et non pour rester assis sur une chaise toute la journée. Lorsque l'on est sédentaire, il est important d'avoir une activité physique régulière, cela joue sur la santé mais également sur le moral. Vous avez remarqué comme vous vous sentez mieux après avoir bougé et transpiré? Les idées sont plus claires, on est plus sereine et détendue. Habiter plus consciemment notre corps permet de prendre du recul par rapport à nos préoccupations. De plus, pendant et après l'activité physique, nous produisons des endorphines, hormones du plaisir et de la récompense.
À vos tapis! Le yoga, discipline complète pour le corps et l'esprit, est une philosophie de vie qui apporte beaucoup de sérénité. Une fois que l'on commence à pratiquer, on devient souvent accro, tant les bienfaits sont nombreux et la reconnexion au corps agréable. Le yoga est en outre une activité complémentaire à tout autre sport et peut se pratiquer n'importe où.

Ma séquence de 20 minutes : je salue le Soleil!

Dans la pratique du yoga, corps et esprit sont intimement liés. Il est important de comprendre que nous formons un tout ; que physique, mental et émotionnel sont interconnectés et qu'en agissant sur l'un, on agit sur les autres. La sérénité est un état global de bien-être, qui passe par l'équilibre physique, mental et émotionnel. La pratique du yoga est un moyen de vous reconnecter à votre corps, mais aussi de vous reconnecter à vos émotions, tout en calmant le mental. Si vous débutez le yoga, commencez par apprivoiser la salutation au Soleil, accessible et très complète. L'enchaînement des postures qui la composent est connu et pratiqué par les yogis du monde entier. On dit que 20 minutes de salutation au Soleil équivalent à une pratique complète de yoga.
Quels sont ses bienfaits? C'est une merveille pour réveiller l'organisme, se centrer et activer l'énergie en soi… Cet enchaînement ouvre la poitrine, étire avant et arrière du corps, renforce le dos et la sangle abdominale, assouplit et tonifie les jambes, relance la circulation sanguine. La synchronisation du mouvement et du souffle ainsi que les inversions régulent le rythme cardiaque et calment le mental.

1
2
3
4
5
6
7
8
9

En pratique

Déroulez votre tapis face au Soleil si vous le pouvez, mettez une musique qui vous fait du bien et entamez vos salutations.

1. Debout en posture de la montagne, les pieds écartés de la largeur de votre bassin, les bras actifs le long du corps, prenez quelques respirations par le nez en sentant votre ancrage à la terre sur les expirations, et en laissant monter l'énergie vers le ciel sur les inspirations.
2. Placez les mains jointes devant l'espace du cœur. Inspirez en levant les bras et le regard vers le ciel pour étirer tout le corps.
3. Expirez en plongeant vers l'avant pour relâcher épaules et nuque. Restez quelques instants à souffler ici, pour sentir la colonne s'allonger.
4. Puis inspirez en passant en planche, en posant les mains au sol et en reculant les deux pieds, le bassin au même niveau que les épaules, le regard entre les mains.
5. Posez les genoux sur le sol, puis déposez la poitrine avant de glisser à plat ventre en expirant.
6. Inspirez et soulevez la poitrine dans la posture du cobra en activant les muscles du dos. Les épaules restent basses, la nuque est longue et la poitrine s'ouvre. Restez ici quelques respirations en accueillant le moment.
7. Poussez ensuite sur les mains pour soulever le corps et basculer les ischions (petits os pointus des fesses) vers le ciel, en chien tête en bas. Cette magnifique posture inversée peut être un peu challengeante au début, mais les progrès se font vite sentir. Pliez les jambes si elles ne peuvent pas être tendues, relâchez la nuque puis, sur quelques respirations, poussez dans les mains pour allonger le dos sur les inspirations, et pressez les talons vers la terre sur les expirations.
8. Ramenez les 2 pieds entre les mains sur une inspiration, expirez en relâchant le dos et la tête, secouez légèrement tout le corps.
9. Puis, sur une nouvelle inspiration, pliez les genoux, basculez les fesses vers l'arrière, le cœur vers l'avant, puis les bras et remontez en étirant à nouveau tout le corps vers le ciel. Expirez en rassemblant les mains et l'attention dans l'espace du cœur.

Mon alimentation good mood

Se connecter à son corps, c'est aussi réfléchir à sa façon de le nourrir. L'alimentation joue sur notre santé, notre énergie et aussi sur notre humeur ! La sérotonine, hormone du bien-être et de la sérénité, est produite à 95 % dans l'intestin, et sa fabrication est compromise si notre microbiote, cet ensemble de bactéries vivant entre autres dans notre côlon, est déséquilibré. Aliments ultra-transformés (plats industriels préparés, charcuterie, boissons sucrées gazeuses), inflammatoires (produits laitiers, viande), dérèglent notre flore et notre humeur. Avant d'avoir recours à des anxiolytiques ou à des antidépresseurs, changez votre manière de vous nourrir, remettez des légumes, du bon gras non saturé, du sucre non raffiné et nutritif dans votre assiette.

Mon assiette végétale feel good

Les végétaux, loin d'être ennuyeux, offrent une variété de couleurs, saveurs et textures incroyable. Ils chouchoutent notre microbiote, apportent un maximum de nutriments et vitamines à notre corps et influencent de façon bénéfique notre humeur !

3 façons de végétaliser son alimentation

- Commandez des paniers de saison
  Pratique pour vous familiariser avec les fruits et légumes locaux de saison et augmenter la part de ces aliments dans votre assiette ! Certaines petites entreprises (comme Bioculture) accompagnent leurs paniers de recettes succulentes pour que vous ne séchiez pas devant vos panais et vos topinambours.

- Faites du batch cooking
  Et si vous preniez 2 heures durant le week-end pour préparer des légumes et fruits rôtis pour la semaine, tout en écoutant de la musique ou votre podcast préféré ? Vous serez gagnante sur tous les plans !

J'organise régulièrement des ateliers de batch cooking végétal très conviviaux sur Zoom, les élèves de mes retraites bien-être étant très friands de nouvelles recettes et façons de cuisiner plus végétal. Il existe également des livres de batch cooking, des vidéos Youtube, des tutos, comme celui du blog Green kitchen stories, qui propose de délicieuses recettes végétariennes très colorées.

- Amusez-vous avec la gastronomie du monde entier
  La cuisine indienne est majoritairement végétarienne et facile à réaliser… Qui n'aime pas les dhals de lentilles corail ? La cuisine libanaise, ses falafels et houmous de pois chiches sont aussi un bon remède à la morosité culinaire. Et ma préférée, la cuisine mexicaine… guacamole, salsa pico de gallo et nachos de maïs, la définition du bonheur, non ?

Mon expérience végétalienne

Je suis devenue végétalienne par refus des conditions de traitement des animaux, et j'ai découvert petit à petit à quel point l'alimentation végétale nous veut du bien. Je ressens plus de vitalité et je récupère plus vite grâce aux protéines végétales comme les lentilles, le soja, le quinoa, les graines de chanvre qui sont délicieuses… elles contiennent peu de lipides (graisses) mais des fibres et des glucides complexes (sucres) qui donnent de l'énergie, contrairement aux protéines animales, qui sont en plus très acidifiantes, c'est-à-dire qu'elles perturbent l'équilibre acido-basique et épuisent les réserves minérales de l'organisme (notamment le calcium). En réduisant également le gluten, une protéine lourde à digérer, même lorsque l'on n'est pas intolérante, je n'ai plus de coup de barre après le repas, et je continue de découvrir chaque jour de nouvelles façons de cuisiner, tant le monde végétal est vaste.

Vive le plaisir des sens !

Nous sommes des êtres sensibles et sensoriels. Pour reprendre le pouvoir sur notre vie, nous centrer et apaiser nos états émotionnels fluctuants, nous avons besoin de nous déconnecter des réseaux virtuels et de nous reconnecter à la puissance de nos sens. Nous sommes dotées de 5 sens exceptionnels qui nous permettent de profiter pleinement de toutes les dimensions de la vie. S'y reconnecter permet de réduire notre stress chronique en nous recentrant sur du concret, en nous reconnectant au moment présent, en cessant de nous éparpiller. 5 sens = 5 façons de soigner nos maux d'humaine ultraconnectée !

Je chouchoute mon odorat avec les huiles essentielles

Le simple fait de fermer les yeux et de se concentrer sur les odeurs qui flottent dans l'air nous reconnecte immédiatement au moment présent et peut même désamorcer une crise de stress ou de panique, en nous amenant à respirer profondément. L'odorat a donc un effet thérapeutique ! C'est aussi le sens qui nous connecte le plus à nos souvenirs. Il vous est sans doute déjà arrivé d'entrer dans un lieu, de reconnaître une odeur familière et de vous retrouver instantanément projetée dans un souvenir d'enfance. La mémoire olfactive est très puissante : les odeurs familières nous rappellent facilement des souvenirs et nous connectent aux émotions ressenties alors. Chez vous, n'hésitez pas à vous entourer de ces odeurs doudou. Le pouvoir des odeurs, c'est l'un des principes des huiles essentielles (ou HE), extraits liquides et aromatiques d'une plante, très concentrés en actifs volatils.

Certaines HE, utilisées en diffusion, peuvent nous aider à nous centrer, apaiser notre mental agité et retrouver une part de sérénité.

Précaution d'utilisation
Très concentrées en actifs, les huiles essentielles peuvent être allergisantes. Pensez toujours à faire un test sur l'intérieur du poignet avant d'utiliser une nouvelle essence.

3 huiles essentielles spéciales sérénité

1. ***L'huile essentielle de lavande officinale*** (Lavandula augustifolia)
C'est l'HE apaisante par excellente, et aussi la plus facile à utiliser, avec son odeur de champs de Provence. Elle a la vertu d'agir sur le système nerveux pour le détendre, calmer la nervosité, apaiser le stress et peut aider à retrouver le sommeil.

Comment je l'utilise ?

- Déposez une goutte sur le bord de votre oreiller ou sur un masque de sommeil (côté extérieur)
- Diluez 1 goutte dans 5 gouttes d'une huile végétale neutre (argan, jojoba, amande douce…) puis déposez un peu du mélange dans le creux de votre poignet, respirez-le régulièrement.

2. ***L'huile essentielle d'orange*** (Citrus sinensis)
Rééquilibrante, positivante et apaisant les tensions, c'est l'huile qui met de bonne humeur, avec son odeur fruitée rappelant le soleil.

Comment je l'utilise ?

- En diffusion dans la pièce à vivre durant la journée (pendant 10 minutes, deux fois par jour).
- Ajoutez-en une dizaine de gouttes à un gel douche neutre pour une sensation vitaminée dès le matin.
- Ajoutez-en à votre crème de jour (12 gouttes maximum pour un pot de 50 ml).

3. ***L'huile essentielle de camomille romaine*** (Chamaemelum nobile)
Antispasmodique, anti-inflammatoire et antidouleur, elle aide notamment à soulager les méfaits physiques du stress, comme les maux de ventre. C'est l'huile essentielle du lâcher-prise, à utiliser si vous êtes hypersensible et irritable.

Comment je l'utilise ?

- Appliquez-la en massage sur le plexus solaire en cas d'asthme nerveux ou d'insomnie. Diluez 2 gouttes dans 1 c. à s. d'huile végétale (d'amande douce ou de tournesol).
- Mélangez 2 gouttes d'huile essentielle à une cuillère de miel avant de la délayer dans une grande tasse d'eau chaude, à déguster le soir ou après un repas un peu lourd.

Je découvre les effets thérapeutiques du son

La sonothérapie est une pratique thérapeutique qui utilise les vibrations du son pour entrer en résonance avec notre corps et son champ électromagnétique afin de le ré-harmoniser. Bols tibétains, de cristal, gongs, diapasons thérapeutiques sont parfois utilisés en séances collectives ou individuelles.

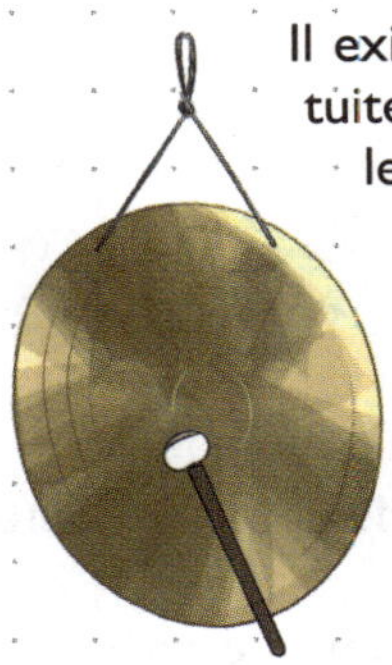

Mon bain sonore à la maison

Il existe des bains de gongs et de bols chantants enregistrés et accessibles gratuitement en ligne sur Youtube, Instagram, Spotify. Pour profiter au mieux de leurs vibrations, allongez-vous sur votre lit et utilisez des écouteurs. Même si l'effet s'avèrera moins puissant qu'IRL, l'avantage de cette méthode, c'est que vous pouvez vous offrir un bain sonore aussi souvent que vous le désirez.

Ma relaxation sonore à la maison

Vous pouvez aussi opter pour des bruits de nature afin d'accompagner votre relaxation. L'application Atmosphere propose tout un panel de sons de forêt, mer, campagne, à mixer entre eux.

Les sons binauraux sont une autre option pour se relaxer voire méditer, ou se concentrer lorsque l'on travaille. Le binaural est une méthode d'enregistrement des sons qui vise à reproduire la perception sonore naturelle humaine, par restitution au casque. Concrètement, les sons semblent provenir de tout autour de nous, arrivant indépendamment dans l'oreille gauche ou l'oreille droite, et l'effet est ultra-calmant, comme si les sons massaient le cerveau et nous libéraient de nos tensions.

Je profite du toucher bienfaisant et de l'automassage

Le toucher est indispensable au bien-être. Il permet d'exprimer notre amour à travers les câlins, les caresses, les baisers, mais aussi d'en recevoir, d'être rassurée, de se sentir entourée. L'ocytocine, hormone du toucher, s'active via le contact physique. Elle diminue le sentiment de tristesse, le stress et même la douleur, nous rend plus calme mais aussi plus confiante. C'est l'hormone de l'attachement. Alors donnez une place importante aux câlins dans votre journée, que ce soit en caressant votre chat ou en prenant vos proches dans vos bras. Toucher, câliner, embrasser est bon pour le moral et la santé !

Pratique, le toucher conscient également ! En posant nos mains sur une partie de notre corps, nous envoyons un message puissant au cerveau, pour lui indiquer de venir s'en occuper. Nous avons entre nos mains le pouvoir de nous faire du bien.

Les bienfaits de l'acupression

Utilisez des pressions effectuées avec le bout des doigts pour relâcher vos tensions. Les points d'acupression sont des points stratégiques situés sur le trajet des méridiens, les canaux énergétiques qui longent notre corps et distribuent notre énergie vitale. Les pressions

permettent de ré-harmoniser la circulation de l'énergie dans un méridien et les organes qu'il relie et nourrit.

- Placez l'index entre les 2 sourcils, l'espace du 3e œil (ou 6e chakra, lié à l'intuition). Exercez une légère pression et massez ce point en faisant de tout petits cercles, pour apaiser un mental survolté et retrouver de la concentration.
- Enserrez votre poignet gauche avec le pouce et l'index de la main droite, puis frottez en mettant une légère pression, et changez ensuite de côté. Vous stimulerez plusieurs points situés autour du poignet qui vous aideront à retrouver le calme ou à atténuer un état dépressif.
- Tapotez le crâne avec le bout des ongles, vous stimulerez la microcirculation dans le cuir chevelu et réduirez les tensions.

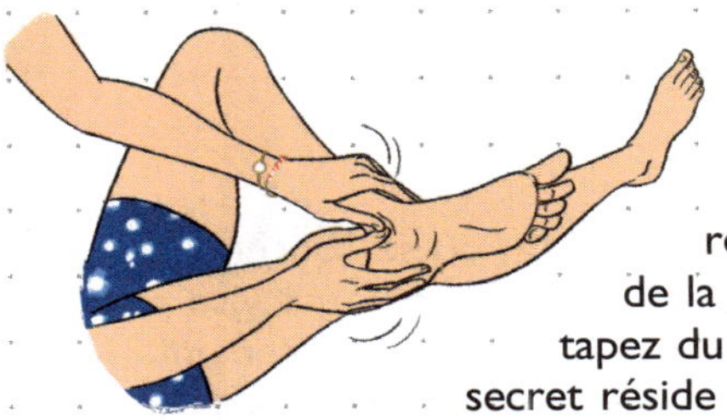

La détente absolue avec l'automassage

Pas besoin de vous y connaître techniquement, faites courir vos doigts de fée sur votre visage, votre nuque, vos plantes de pieds… Si vous vous faites confiance et que vous vous écoutez, vous ferez des miracles. Avec la main droite et en relâchant le côté gauche, palpez le trapèze et le côté gauche de la nuque, pressez, caressez, pétrissez généreusement ou encore tapez du poing selon ce qui vous fait du bien, puis changez de côté. Le secret réside dans le fait de ne masser qu'un côté à la fois, pour que vous puissiez apprécier pleinement la détente sans contracter les muscles en levant les bras.

Je m'entoure des couleurs qui me font du bien !

La vue est sans doute le sens que nous utilisons le plus, notre sens directeur. Si voir nous permet de nous diriger dans l'espace et de garder notre équilibre, cela nous permet aussi de percevoir la beauté, ô combien importante dans l'expérience humaine. L'humain a la chance, contrairement à la plupart des animaux, de voir une grande diversité de couleurs, jusqu'à 10 millions ! Et ces couleurs ont un pouvoir sur notre humeur, notre moral ! De nombreuses recherches ont montré que les couleurs perçues par notre cerveau ont un effet sur nous et provoquent des émotions. Elles peuvent être stimulantes ou au contraire apaisantes.

Vive les couleurs avec le Feng shui !

En Feng shui, les couleurs ont une énergie et une signification, et sont enclines à favoriser certains états. On distingue 2 catégories de couleurs : **les couleurs yin, froides**, comme les pastels, les bleus, verts, violets… elles sont apaisantes et relaxantes, elles vont nous orienter vers des activités yin telles que le repos, l'écoute, la contemplation.
On trouve aussi les **couleurs yang, vives, chaudes**, comme le rouge, le jaune, l'orange qui sont dynamisantes et stimuleront plutôt la vie sociale, le travail, le mouvement.
Accorder ces couleurs aux pièces de la maison selon leurs fonctions vous apportera plus de sérénité au quotidien.

Pour vous harmoniser et vous apaiser, choisissez des couleurs yin

Le vert, couleur de la nature par excellence, est symbole d'équilibre et d'abondance. Le bleu favorise l'introspection, la tranquillité et la plénitude. Un mélange de vert et de bleu va symboliser l'espoir et l'harmonie avec la vie, la nature et vous-même.

Deux belles couleurs à associer dans une chambre, un boudoir, ou dans votre coin de méditation.

Pour combattre le stress, favoriser l'ouverture du cœur et la bienveillance, y compris envers vous-même, portez du rose pâle, la couleur de l'amour de soi et des autres.

Pour stimuler votre énergie, choisissez des couleurs yang

Le jaune est tonique, stimulant, il symbolise la joie de vivre, facilite la communication, inspire la convivialité et la confiance en soi. Faites entrer plus de jaune dans votre salon ou votre séjour.

La couleur orange, joyeuse et positive également, induit le mouvement, le changement, la transformation, intéressant dans une cuisine par exemple, ou une pièce à vivre.

Le rouge est dynamique et vibrant, il stimule la passion et possède une grande force d'action et un pouvoir de matérialisation. Cependant, usez-en avec parcimonie, il peut être trop excitant en grande quantité.

Le plaisir des saveurs, en pleine conscience

Manger est certes un besoin physiologique, mais c'est aussi l'un des grands plaisirs de la vie. Goûter peut aussi se révéler une expérience de méditation de pleine conscience et toucher au spirituel.

Faites l'expérience de déguster un carré de chocolat en conscience, vous serez envahie d'un sentiment de bien-être : choisissez un chocolat fort en cacao (minimum 70 %) et de bonne qualité. Fermez les yeux pour développer d'abord le sens de l'odorat, qui décuplera le sens du goût. Humez les arômes de votre carré de chocolat pendant 1 à 2 minutes, puis croquez-en un petit morceau. Concentrez-vous sur la texture, puis laissez-le fondre tout doucement et développer ses saveurs sur le palais. Faites durer le plaisir aussi longtemps que possible, en respirant pleinement et en accueillant vos sensations, vos émotions, tout ce qui vous traverse. Laissez ce petit éclat de cacao vous émouvoir et satisfaire vos sens.

Chapitre 2

J'apprends à me connaître

Avant d'entreprendre quoi que ce soit pour trouver la sérénité, il existe une étape essentielle : apprendre à se connaître. Savoir quels sont vos besoins pour pouvoir les combler, ce qui vous fait vibrer pour emplir votre vie de ces petits bonheurs, apprendre à écouter vos émotions pour ne pas vous laisser déborder, à vous accorder du temps, rien qu'à vous. C'est parti ! J'observe, je m'écoute, je découvre qui je suis… pour vivre plus sereinement !

La pleine conscience, pour une sérénité durable

Ce qui nuit à la sérénité au quotidien, c'est de se laisser enfermer dans les tâches répétitives, les préoccupations et les petits problèmes. Cet enfermement réduit notre champ de vision, de réflexion. Nous finissons par faire les choses inconsciemment, de façon automatique, sans plus en saisir le sens, et nous nous laissons déborder par ce qui n'a pas d'importance. En tant qu'être humain, nous avons d'immenses possibilités et nous avons besoin « de voir en grand ». Les exercices de pleine conscience vous permettront de prendre le large par rapport aux petits tracas du quotidien, pour retrouver la sérénité et une « vision grand angle de la vie » très énergisante !

La méditation : la clé du lâcher-prise

La méditation, sous ses diverses formes, permet de prendre du recul, de décoller le nez de nos problèmes pour retrouver une vision macro, plus positive, renouvelée et enthousiasmante. Défocalisez et retrouvez une approche du quotidien plus sereine grâce cette pratique de pleine conscience.

3 idées reçues sur la méditation

Le terme « méditation » peut faire peur au premier abord. Cette pratique souffre de préjugés et idées fausses qui la rendent inaccessible. Prenons le temps de déconstruire ces idées pour démystifier la méditation !

« Méditer, c'est arrêter de penser. »

Que ce soit consciemment ou inconsciemment, notre cerveau ne cesse jamais de penser. Pour les neuroscientifiques, toute activité du cerveau, même pendant le sommeil, est une forme de pensée. La méditation est une forme de maîtrise des pensées. En portant l'attention sur un objet ou une tâche précise et unique, comme la respiration par exemple, le cerveau peut calmer perceptiblement son bavardage inconscient, sans pour autant arrêter de penser.

« Pour méditer, il faut être au calme. »

Évidemment, c'est mieux ! Mais le but de la méditation est de trouver le calme intérieur, et nul besoin d'attendre que le monde se taise autour de vous pour l'imiter. Il est important de créer des conditions favorables à la pratique, mais si vous attendez le moment parfait, il n'arrivera jamais ! Si votre environnement est trop bruyant, utilisez des boules Quies ou un casque pour écouter une musique douce. Si vous n'êtes jamais seule, demandez à votre entourage de ne pas vous déranger pendant le temps de votre méditation.

« Je suis trop agitée pour méditer, ce n'est pas fait pour moi. »

Si vous êtes trop agitée, la méditation vous fera le plus grand bien. Pratiquer la méditation après le sport ou un cours dynamique de yoga peut être plus facile grâce aux endorphines sécrétées pendant et après l'effort, qui diminuent le stress et amènent un sentiment de calme. Il existe plein de façons de méditer, et plein d'activités méditatives, comme vous le lirez juste après, et je suis sûre qu'il y en a une qui vous conviendra.

Alors la méditation, qu'est-ce que c'est ?

On concentre ses pensées sur une chose en particulier

On peut resserrer l'attention sur une sensation corporelle, sur la flamme d'une bougie ou sur la respiration, ou bien au contraire s'ouvrir à plus grand que soi, à la nature par exemple, en se concentrant sur les sons, les couleurs, la magie du présent. Dans les deux cas, la pratique de la méditation va développer notre faculté d'observation. Observer, c'est se détacher. Lorsque l'on se détache du flot des pensées, le mental se calme, et nous y voyons plus clair. Nous ne sommes plus nos pensées. Nous sommes les créatrices de ces pensées et pouvons les maîtriser, en les remettant à leur place, pour garder un mental serein et ne plus se laisser envahir.

Elle a de nombreux bienfaits, prouvés scientifiquement !

Elle réduit le stress, l'anxiété, la douleur, ainsi que le risque de maladies cardiovasculaires et la pression artérielle, prévient la dépression, améliore la mémoire, la faculté de discernement, limite la tendance à certaines addictions, peut améliorer le sommeil et les problèmes intestinaux, augmente le bien-être et le sentiment de sérénité. Alors, vous vous y mettez ?

Les 4 règles de bases pour commencer une méditation…

1. ***Je n'ai pas d'attente*** : j'accueille ce qui vient au fur et à mesure, je n'attends pas de résultat.
2. ***Je ne me mets pas de pression*** : si ça ne marche pas aujourd'hui, que mes pensées s'emballent ou que je suis trop irritée, ce n'est pas un problème, j'observe simplement le fil de mes pensées chaotiques ou bien je réessaie le lendemain, et ainsi de suite.
3. ***La régularité est mon alliée*** : pour ressentir les bienfaits de la pratique, il vaut mieux pratiquer 5 minutes par jour plutôt que 30 minutes de temps en temps.
4. ***Je choisis la méditation qui me convient le mieux.*** Il existe une multitude de façons de méditer, assise, debout, couchée, en mouvement, en silence, en musique… Testez !

La méditation silencieuse en posture assise

C'est la plus classique. Elle est inspirée des méditations traditionnelles orientales bouddhistes et yogiques basées sur l'immobilité du corps, l'observation de la respiration, l'identification des pensées et la distanciation avec les pensées et le mental.

Elle est pour moi…

… si vous n'avez pas peur du silence et de vous retrouver seule avec vous-même, si vous êtes plutôt de nature disciplinée et aimez les challenges, si vous êtes capable de rester assise dans une posture fixe (en tailleur ou sur une chaise).

Les bienfaits

Pratiquée régulièrement, elle réduit stress et anxiété, donne un sentiment de clarté d'esprit, réduit l'inflammation, les risques de cancer.

Comment je m'y prends ?

Asseyez-vous en tailleur ou sur une chaise, le dos le plus droit possible. Vous pouvez placer un coussin ou un bloc sous les fesses si vous en avez un, pour surélever le bassin. Posez les mains sur les cuisses et fermez les yeux. Respirez par le nez et concentrez votre attention sur le trajet de l'air, de son entrée par les narines à l'inspiration, à sa sortie à l'expiration. L'observation de la respiration vous permet de rester dans le présent. Quand une pensée vous projette hors du présent, tâchez de revenir à la respiration. Laissez simplement les pensées vous traverser, sans suivre leur cours. Ne vous découragez pas si cela paraît impossible, car même si vous avez l'impression de ne pas y arriver, vous êtes tout de même en train de méditer, et vous en ressentirez les bienfaits. Gardez à l'esprit que la méditation classique nécessite un apprentissage.

Combien de temps?

Commencez par des sessions courtes, de 5 à 10 minutes, surtout si vous avez du mal à tenir la posture assise. Augmentez progressivement si c'est possible pour vous, sans pression.

Quand pratiquer?

Le plus régulièrement possible, le matin, le soir ou à un autre moment de la journée, quand vous savez que vous pouvez vous accorder ce moment (voir un peu loin dans le chapitre « une pause sacrée rien que pour moi »).

La méditation guidée

Elle peut être guidée à la voix par un•e enseignant•e, avoir un thème particulier comme la gratitude ou la gestion du stress, peut être pratiquée en musique pour stimuler certaines parties du cerveau et induire un état particulier ou encore être accompagnée de mantras chantés en sanskrit ou d'affirmations sur lesquelles vous vous concentrerez.

Elle est pour moi…

… si vous voulez démarrer en douceur et ne vous sentez pas prête pour la méditation assise en silence, si vous êtes hypersensible et avez du mal à canaliser vos pensées et émotions de manière naturelle, si vous êtes réceptive à la musique, aux sons, aux voix, si vous êtes très stressée et avez besoin d'aide pour vous calmer.

Les bienfaits

Si vous êtes une machine à penser, la guidance vous aidera à focaliser plus facilement votre attention. La voix, la musique ou les mantras vous donneront un objet plus concret sur lequel vous concentrer. Cette forme de méditation calme le mental, canalise l'agitation, renforce la créativité, ancre en soi le sentiment de bien-être.

Comment je m'y prends?

Choisissez une application, comme Evolum ou Mind, ou suivez la méditation d'un•e enseignant•e. Les méditations guidées proposent des thèmes, à choisir en fonction de votre mood du jour. Vous pouvez pratiquer assise ou couchée sans vous endormir, avec un casque sur les oreilles si besoin.

Combien de temps?

La durée que vous pouvez y consacrer. Vous pouvez trouver des sessions très courtes de quelques minutes, ainsi que d'autres plus longues.

Quand pratiquer?

Dès que vous en ressentez le besoin, en fonction du thème de la méditation. Choisissez par exemple une méditation sur la confiance en soi lorsque vous en manquez, une méditation sur l'énergie créatrice pour vous remotiver, une méditation régénérante quand vous êtes au bout du rouleau...

La méditation de pleine conscience

La méditation de pleine conscience consiste à être consciemment dans le présent, c'est-à-dire pleinement dans ce qui passe ici et maintenant, sans se projeter ailleurs. Elle peut se pratiquer assise, debout, ou encore en cuisinant. L'idée est d'être totalement dans ce que vous faites et connectée à votre environnement. Toute activité, comme jardiner, écouter de la musique, faire de la poterie, vous promener, peut se transformer en exercice de méditation de pleine conscience si vous êtes là, sans écouter un podcast en même temps, sans penser à votre to do-list qui s'allonge au fur et à mesure dans votre tête.

Elle est pour moi...

... si vous êtes hyperactive et que vous avez du mal à ne rien faire physiquement, si vous avez un mode de pensée en arborescence, c'est-à-dire très créatif mais désordonné, si vous aimez les activités manuelles, si créer recharge vos batteries.

Les bienfaits

Cette forme de méditation est à la fois apaisante et énergisante, elle développe la mémoire, la concentration, la créativité.

Comment je m'y prends?

Choisissez une activité qui vous plaît et que vous pouvez faire seule. Assurez-vous d'avoir du temps devant vous pour ne pas avoir à regarder votre montre. Coupez votre téléphone et plongez-vous passionnément dans votre méditation. Si vous découpez des légumes, sentez leur odeur, leur texture. Si vous vous baladez, respirez le parfum des fleurs, touchez les arbres, l'herbe, regardez la couleur du ciel. Soyez intensément présente.

Combien de temps?

Au minimum ½ heure et jusqu'à 2, 3 heures en fonction du temps dont vous disposez. Plus longue sera la méditation, plus elle vous sera profitable.

Quand pratiquer?

Dès que possible, en transformant chaque moment avec vous-même en méditation.

La marche méditative

Marche afghane ou marche lente inspirée des moines bouddhistes, la marche méditative a plusieurs variantes. Elle se pratique debout, en mouvement, dehors, dans la nature, pieds nus selon les possibilités. Le principe de cette méditation est de caler ses pas sur le rythme de la respiration pour ralentir la cadence du mental en ralentissant autant les pas que le souffle. Chaque pas est posé consciemment sur le sol, en ressentant chaque étape de la marche.

Elle est pour moi…

… si vous avez sérieusement besoin de ralentir, de vous connecter à votre corps, si vous êtes attirée par la nature, si vous avez la possibilité d'accéder régulièrement à un espace vert, loin de l'agitation de la ville.

Les bienfaits

Cette marche permet de prendre conscience du corps, de soi, des sensations, de développer notre connexion à la nature, à notre environnement, de se ressourcer, de ralentir le rythme mental, d'apaiser les angoisses.

Comment je m'y prends ?

Choisissez un terrain facile, non accidenté, agréable. Repérez votre trajet avant de commencer, l'idéal étant de faire une boucle. Enlevez vos chaussures s'il ne fait pas trop froid, et marchez, au rythme de votre respiration, un pas sur une inspiration, un 2e sur une expiration, le plus lentement possible. En marchant à un rythme plus lent, vous serez plus à même d'observer la texture du sol, votre déhanché, le paysage et ses détails, votre souffle. Trouvez l'équilibre entre l'observation de votre respiration pour garder le rythme et l'observation de ce qu'il se passe autour de vous.

Combien de temps ?

Prévoyez 20 minutes au minimum. Avec cette marche méditative, vous n'irez pas très loin, et pas très vite non plus, et il faudra revenir sur vos pas ensuite. Ne choisissez pas un trajet trop long au début, au risque d'accélérer vos pas par manque de temps.

Quick tip si je manque de temps…

Si je n'ai pas le temps ni le contexte pour méditer mais que je ressens le besoin de lâcher prise, je fais une micro-relaxation ou une micro-sieste de 5 minutes.
Comment faire ? En position allongée ou assise sur une chaise, fermez les yeux, puis en partant du sommet du crâne, relâchez chaque partie du corps, les traits du visage, les épaules, le ventre, le bassin… imaginez que toute votre peau et vos muscles « dégoulinent ». Cela vous permettra, en quelques secondes, de calmer le mental, de vous détendre et de récupérer de l'énergie.

Quand pratiquer ?

Dès que vous le pouvez, quand la forêt est à votre portée, quand le printemps arrive, quand vous partez en week-end à la campagne. Vous pouvez même marcher à plusieurs, du moment que vous vous concentrez sur vous, sans parler avec les personnes qui vous accompagnent, le temps de la marche.

Réconcilier mon corps et mon esprit avec la sylvothérapie

La forêt vous veut du bien. Très répandue au Japon, la méthode Shinrin yoku est considérée comme une pratique médicale. Cette thérapie invite à profiter des effets feel good de la forêt, en pleine conscience. Il a été démontré scientifiquement qu'elle diminue le stress et la tension artérielle, améliore le sommeil et l'humeur et renforce le système immunitaire.

Comment ça fonctionne ?

Les arbres sont de véritables usines naturelles à oxygène pur qu'ils produisent pendant la journée. Respirer un air non pollué par les activités humaines et riche en oxygène permet une meilleure respiration et une meilleure oxygénation des cellules. Les arbres diffusent également des phytoncides, substances antimicrobiennes sécrétées pour se défendre contre les envahisseurs microscopiques, et qui agiraient sur notre propre système immunitaire pour le renforcer. Se dégagent également dans l'air les huiles essentielles contenues dans les feuilles, fruits, graines, écorce ou encore dans les fleurs. Les huiles essentielles des différentes familles de pins par exemple agissent sur les voies respiratoires pour les dégager, mais aussi sur le système nerveux pour le tonifier. Les arbres, grâce à leur système de racines profondes et puissantes, ont un grand pouvoir d'ancrage. De quoi nous inviter à nous recentrer en période de stress et à retrouver notre sérénité lorsque l'on se sent perdre pied. De plus, la forêt est un lieu généralement calme et à l'écart des bruits humains et urbains. Le chant des oiseaux, le craquement des branches et le souffle du vent qui agite les feuilles est très apaisant. Enfin, la couleur verte étant la couleur prédominante dans la nature, c'est celle que notre cerveau détecte le mieux. Le vert apaise, stimule, aide même à la guérison. Se baigner dans l'air de la forêt est bénéfique à notre santé et notre sérénité.

Mon bain de forêt

En pratique, pour profiter des bienfaits du Shinrin yoku, prévoyez une promenade d'une à deux heures dans la forêt pour vous imprégner totalement et en ressentir les effets pendant toute la journée. Plus le bain sera long, plus les effets se prolongeront. Marchez le plus lentement

possible, soyez attentive au craquement des branches, au bruissement des feuilles dans le vent, repérez le chant des différents oiseaux. Touchez les arbres, sentez leur puissance mais aussi leur calme pour vous en imprégner.

Respirez à pleins poumons, et prenez le temps. La forêt ne vit pas au même rythme que nous. Tout y est lent, presque immobile en apparence. Cette marche douce ne fera pas que ralentir vos pas, elle calmera le rythme de vos pensées en vous apaisant. Au bout d'une heure, vous constaterez que rien n'a bougé, que les feuilles continuent à danser dans le vent, que la vie continue à passer lentement, sans avoir besoin de se presser. Vous rentrerez apaisée, plus sereine, mais aussi revigorée par l'air frais dynamisant de la forêt.

Quick tip si la forêt est trop loin de chez vous !

At home ou dans un parc, pour vous ancrer, retrouver la stabilité, l'équilibre et le calme intérieur, pratiquez la posture de l'arbre. Quand le bas du corps est stable et ancré, le haut du corps peut être souple et ouvert. Quand nous avons des bases solides dans la vie, nous pouvons nous élever, grandir, déployer notre potentiel et nous sentir plus libre !

Comment faire ? Debout, transférez le poids du corps sur une jambe et placez votre pied à l'intérieur du mollet ou de la cuisse opposée. Attention à éviter de vous appuyer sur le genou, et si l'équilibre n'est pas au rendez-vous, posez les orteils au sol et placez le talon contre la cheville, ou bien appuyez le dos contre un mur. Rassemblez les paumes de vos mains devant le cœur, gainez légèrement tout le corps, puis fixez un point devant vous à hauteur du regard. Expirez vers la terre en visualisant des racines profondes s'ancrer dans le sol, vous stabiliser, vous ramener dans le concret. Inspirez depuis ces racines, en vous nourrissant de l'énergie de la terre nourricière, remontez dans tout le corps et élevez-vous vers le ciel.

Les bienfaits antistress de l'earthing

Profitez de votre balade en forêt pour marcher pieds nus. Ça s'appelle l'earthing et ça fait des miracles sur le bien-être global !

Comment ça marche ?

Les semelles de nos chaussures nous coupent du contact direct avec la terre et empêchent l'échange électrique essentiel au rééquilibrage énergétique de notre corps. Marcher pieds nus permet de décharger l'excès électrique que nous accumulons avec le stress et la fatigue, pour se reconnecter à la Terre. Cette pratique a des vertus anti-inflammatoires et anti-stress, et permet également une meilleure récupération physique. Le sol de la forêt n'est pas le seul à procurer ces bienfaits. L'herbe et le sable agissent de la même façon.

L'humus, mélange de végétaux en décomposition qui forment le sol de la forêt, est un concentré de bactéries capables de nourrir notre microbiote cutané ! Comme notre intestin, la surface de notre peau est peuplée de bactéries ayant un rôle de défense et de régulation du système immunitaire. Microbiote intestinal et cutané sont en lien, et quand l'un se dérègle, l'autre est aussi impacté, il est donc important d'entretenir les deux !

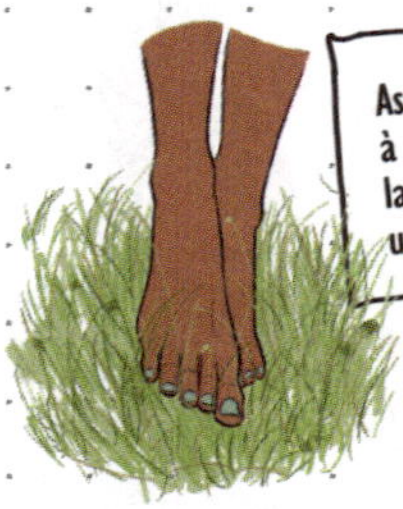

Associez les bienfaits de l'earthing à ceux de la sylvothérapie et de la marche lente (méditative), pour un retour à la sérénité garanti !

Quand ?

Profitez de vos vacances, week-ends à la campagne ou à la plage pour vous déchausser et reconnecter vos plantes de pieds. En plus d'être très agréable, marcher pieds nus équivaut à une séance de réflexologie. En massant la voûte plantaire, départ de nombreux méridiens, on améliore la circulation des fluides dans tout le corps.

Du temps... pour me faire du bien

Pour apprendre à se connaître, il est important de passer du temps seule avec soi, et comme le temps ne nous appartient pas, il faut l'emprunter. Si vous laissez vos journées filer en attendant d'avoir moins de choses à faire pour vous occuper de vous, cela n'arrivera jamais. Pour prendre du temps, il faut donc le prévoir dans son planning et le dire aux autres. Prendre soin de vous doit devenir aussi naturel et évident que de vous brosser les dents chaque soir. Il existe plein de manières de prendre du temps pour soi, en fonction de votre emploi du temps et de votre rythme de vie.

Une pause sacrée rien que pour moi

Commencez par choisir un moment de la journée où, chaque jour, vous vous consacrerez à vous. Selon le temps dont vous disposez, cela peut être une pause de 5 minutes pour prendre un thé en regardant le ciel par votre fenêtre, ou une pause d'une heure pour faire du yoga ou une balade dans la nature. L'important est de ne pas négliger l'impact bénéfique que ces précieuses minutes auront sur le reste de votre journée.

Ne vous mettez pas de limites et écoutez-vous

L'idée de cette pause n'est pas de vous imposer une tâche quotidienne de plus, mais de vous donner l'occasion de vous reconnecter à vous chaque jour, par le biais qui vous convient à l'instant T. Si le lundi, vous êtes motivée et prête pour une séance de yoga vinyasa intense (avec des enchaînements dynamiques), mais que le vendredi, vous avez plutôt besoin d'une relaxation, écoutez-vous ! C'est ainsi que vous apprendrez vraiment à connaître vos besoins pour garder votre sérénité en équilibre.

La balance de mes besoins

Vous connaissez cette sensation, quand vous avez envie d'une petite douceur, d'un carré de chocolat ou d'un gros muffin, et que vous avez beau essayer de penser à autre chose, il vous est impossible de vous concentrer ? Généralement, une fois que vous avez craqué et dévoré la tablette de chocolat, le besoin a été satisfait et vous pouvez reprendre le contrôle sur votre vie… jusqu'au prochain craquage ! Alors attention, l'idée n'est pas de craquer à chaque caprice glycémique car le besoin de sucre est un peu plus complexe que ça ! Mais la balance des besoins, des vrais besoins, fonctionne de la même manière. Nous avons des besoins plus urgents que d'autres. Tant que notre besoin le plus primordial n'est pas satisfait, nous ne passons pas au besoin qui se trouve hiérarchiquement en dessous.

Prévenir ses besoins de bien-être

Nos premiers besoins sont des besoins primaires, de survie. Trouver de l'eau, de la nourriture, un abri. Lorsque ces besoins basiques sont comblés, ceux de se réaliser, de réaliser nos désirs de vie se manifestent, et ils sont différents pour chacune d'entre nous. Le besoin de s'accorder du temps, de faire des choses pour soi, est un besoin qui peut être difficile à assumer. Pourtant, tant qu'il ne sera pas comblé, il reviendra régulièrement, et peut-être à des moments où vous n'aurez vraiment pas le temps de tout lâcher. Alors, mieux vaut pourvoir à ce besoin de façon régulière pour avancer plus sereinement dans votre vie.

3 moments parfaits pour m'accorder du temps

Au réveil

Le miracle morning, vous connaissez? Le principe, c'est d'avancer l'heure de son réveil d'une heure ou deux, pour commencer sa journée en paix, par des activités nourrissantes rien que pour soi. *The Miracle Morning* est un livre et une méthode créés par Hal Elrod (coach en développement personnel) pour avoir une vie plus épanouie et productive. Selon cet auteur, démarrer sa journée avant l'aube par du temps pour soi permettrait de réaliser plus de choses, d'être plus épanouie, de meilleure humeur, plus motivée. Il conseille d'enchaîner plusieurs activités enrichissantes pour le corps et l'esprit auxquelles on consacre 10 à 20 minutes chacune.

Ma routine Miracle morning

Voici ce qu'Hal Elrod préconise pour bien démarrer sa journée :

- 10 à 20 minutes de méditation et/ou de respiration
- 10 à 20 minutes d'affirmations positives sur la personne que vous souhaitez devenir, à répéter mentalement, à haute voix ou à écrire
- 10 à 20 minutes de visualisation, les yeux fermés, pour projeter les affirmations positives
- 10 à 20 minutes d'exercice physique, que ce soit du yoga ou un autre sport
- 10 à 20 minutes de lecture non fictionnelle, pour apprendre et enrichir ses connaissances
- 10 à 20 minutes d'écriture dans un journal. L'idée est de noter ses idées, ses projets, ce qui nous rend heureuse, etc.

À vous de tester et d'adapter au besoin votre routine, pour commencer la journée par un moment rien qu'à vous.

Après votre journée de travail

En rentrant du boulot, il est important d'avoir un sas de décompression pour vous retrouver et laisser les tensions et soucis derrière vous. Si vos horaires vous le permettent, prenez un cours de danse, de yoga, offrez-vous une séance de bain sonore (voir p. 30) ou bien rentrez chez vous vous faire couler un bon bain ou prendre une douche. Si vous télétravaillez, il peut être encore plus difficile de mettre une barrière entre vie pro et vie perso. Il n'y a rien de pire que d'avoir l'impression ne pas avoir de vie après le travail ! Une pause en fin de journée facilitera le retour à votre espace personnel. Veillez à ne pas vous replonger dans vos emails ensuite. Si vous avez beaucoup de travail,

Répétez ces quelques affirmations pour profiter pleinement de votre pause : « je m'autorise à laisser ma journée de travail derrière moi », « j'ai le droit de m'accorder du temps, à moi seule », « je laisse tout ce sur quoi je ne peux pas agir dans l'immédiat ».

essayez de vous coucher tôt et de reprendre le lendemain matin, à tête reposée. Pendant cette pause de fin de journée, autorisez-vous à lâcher prise sur ce qui n'est pas terminé, à passer à autre chose et profitez de votre soirée pleinement, pour vous ou avec vos proches.

Avant d'aller vous coucher

Stoppez les écrans, qui fatiguent les yeux et excitent le cerveau, au minimum 1 heure avant d'aller vous coucher, vous gagnerez en sérénité. Offrez-vous une lecture relaxante avec un bon roman, une méditation ou une relaxation guidée ou encore un automassage de la nuque et du visage pour chasser vos tensions et être prête à vous endormir paisiblement. La qualité de votre sommeil en dépendra, et avec elle, celle de votre journée du lendemain.

Mon automassage relaxant de la nuque et du visage

1. Commencez par tapoter la peau du crâne avec le bout de vos doigts ou de vos ongles pendant 1 minute pour relancer la circulation et décrisper le cuir chevelu sensible aux tensions.
2. Puis lissez le front avec les doigts, de l'intérieur vers l'extérieur, 4 fois.
3. Pincez ensuite 4 fois les sourcils avec pouces et index, en commençant par le côté interne et en étirant vers l'extrémité externe des sourcils.
4. Faites ensuite un « v » avec index et majeurs de chaque main, posez le bout des majeurs sur les articulations des mâchoires, le bout des index derrière les oreilles et étirez vers le haut avant de recommencer 3 fois.
5. Pour terminer, avec une main, pétrissez la nuque et le trapèze du côté opposé pendant 30 secondes, puis changez de main et de côté.

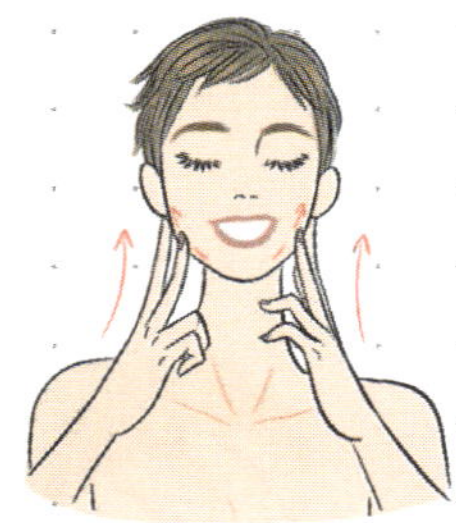

Pendant tout l'automassage, vous êtes la personne qui donne le soin et celle qui le reçoit. Soyez à la fois bienveillante dans vos gestes et réceptive à cette bienveillance.

21 jours pour créer une nouvelle habitude

Afin de pérenniser les bienfaits de ces pauses pour vous, et d'en ressentir pleinement les effets sur votre sérénité, faites-en une habitude. Nous avons toutes des habitudes qui se sont naturellement installées au cours de notre vie, mais quand il s'agit d'en créer une nouvelle consciemment, le processus peut être long et difficile. Si on entend souvent qu'il faut 21 jours pour ancrer une habitude, il n'y a aucune étude qui le prouve, et la durée dépendrait plutôt de la complexité de l'habitude et de son caractère plaisant ou non. Alors pour réussir à valider votre nouvelle habitude en 3 semaines, je vous propose de choisir quelque chose d'agréable et de simple, qui vous apporte un maximum de sérénité.

1. Je choisis ma nouvelle habitude

Simple et agréable donc ! Ne choisissez qu'une habitude à la fois, et consacrez-y de l'énergie. Si vous souhaitez vous mettre au sport, au yoga et à la méditation, commencez par l'un des trois, et par pratiquer une fois par semaine et non tous les jours.

Pour que la pratique soit agréable, prenez le temps de l'apprivoiser, d'en éprouver l'envie voire le manque, vos motivations n'en seront que plus fortes, la récompense sera encore meilleure, et l'habitude s'installera plus naturellement.

Notez ici la nouvelle habitude que vous souhaitez installer :

2. J'ancre ma nouvelle habitude

Associez votre habitude à quelque chose d'existant et d'agréable : choisissez votre moment préféré de la journée pour méditer, ou votre playlist favorite pour faire du sport. Le réveil pourra devenir un déclencheur pour la pratique de la méditation, et la musique un stimulateur pour la pratique du sport. Les liens se feront rapidement dans votre cerveau et votre habitude s'ancrera plus facilement.

Notez ici à quel moment ou à quoi vous souhaitez associer votre nouvelle habitude :

3. Je fais des bilans régulièrement

Au bout d'une semaine, de 2 semaines, de 3 semaines, faites un bilan par rapport à votre nouvelle habitude. Félicitez-vous de vos efforts, de votre ténacité, de votre régularité, et ne vous découragez pas lorsque vous rencontrez des résistances et des obstacles. Si 21 jours ne suffisent pas à installer votre habitude, donnez-vous plus de temps, ne lâchez pas et continuez à faire régulièrement des bilans.

Mon bilan à J + 7

Je suis fière de...

....

Les difficultés que j'ai rencontrées sont...

....

Comment les dépasser ?

....

Mon bilan à J + 14

Je suis fière de...

....

Les difficultés que j'ai rencontrées sont...

....

Comment les dépasser ?

....

Mon bilan à J + 21 :

Je suis fière de...

....

Les difficultés que j'ai rencontrées sont...

....

Comment les dépasser ?

....

Chapitre 3

J'apprends à m'alléger

Sur le chemin de la sérénité, il y a souvent plus de choses dont il faut se délester que de choses à faire en plus. S'alléger, se débarrasser de ce qui nous encombre, nous pollue, des vieux schémas et moments difficiles du passé, des mauvaises habitudes qui ne nous servent pas ou plus... Il est temps de déconstruire, défaire et se déconditionner. Voici votre programme détox, pour alléger votre corps physique, mental et émotionnel et ressortir légère, revivifiée et pleine de joie !

Ma détox mentale

Notre cerveau est comme un disque dur. Il enregistre toutes les informations que nous captons et réagit en fonction. Entretenir notre cerveau et notre santé mentale est primordial. S'il est impossible de supprimer nos mauvais souvenirs, nous pouvons cependant transformer notre façon de penser, de gérer nos expériences, cultiver la résilience, recâbler notre cerveau en trouvant d'autres chemins de pensées et d'autres nourritures mentales.

Je me libère de mes croyances et schémas limitants

Dès la naissance, notre cerveau enregistre nos expériences, en leur collant des étiquettes très subjectives. Certaines vont être perçues comme négatives, d'autres comme positives, selon notre sensibilité et notre caractère.

Les expériences vécues négativement vont créer une alerte !

Chaque événement ressemblant à une expérience enregistrée précédemment comme négative va engendrer de l'appréhension, enclencher un mécanisme de défense et teinter l'expérience nouvelle des sentiments ressentis précédemment. C'est comme ça que nous créons des schémas, des façons de fonctionner dictées par notre subjectivité. En grandissant, les schémas sont parfois tellement ancrés que, même si nous n'en avons plus besoin, il paraît impossible de fonctionner différemment. Ces schémas nous encombrent pourtant et engendrent de l'anxiété qui nuit à notre sérénité.

Il en va de même pour nos croyances...

Une croyance limitante est une pensée que l'on considère comme étant vraie, et qui nous empêche de nous réaliser. Celles-ci viennent souvent de notre éducation ou de paroles entendues dans l'enfance que nous avons prises très à cœur, comme des jugements, et qui ont façonné notre façon d'agir par la suite.
En procédant par étape, il est possible de se défaire des schémas et fausses croyances qui nous empêchent de vivre sereine et épanouie.

Quelques exemples de croyances limitantes très répandues :
« Je ne suis pas assez bien pour être aimée » ; « je ne mérite pas d'être aimée »
« Je ne suis pas capable » ; « je n'y arriverai pas »
« Je ne peux pas être moi-même dans tel contexte car on va me juger »

Haro sur mes fausses croyances : mon programme en 3 étapes

Étape 1 : Accueillir les parties de soi blessées

Nos fausses croyances ont le don de se mettre en travers de notre route et de nous empêcher de réaliser nos désirs. Pour éviter cela, il est important d'entrer en contact avec les parties de nous-même qui ont souffert et construit des barrières pour nous protéger.

Lorsque vous rencontrez un obstacle dans la mise en œuvre d'un projet, personnel ou professionnel, qu'une petite voix se fait entendre à l'intérieur de vous pour vous dire que « vous n'êtes pas capable », « pas assez bien », que « vous ne pouvez pas le faire » : prenez le temps de vous poser et de dialoguer avec vous-même.

Positionnez-vous de manière neutre, en tant qu'observatrice. Imaginez que vous êtes là pour écouter l'un de vos proches qui a besoin de se confier. Écoutez alors cette voix qui vous dit que vous n'êtes pas capable, laissez-la s'exprimer et posez-lui des questions : demandez-lui de vous raconter son histoire, de vous raconter pourquoi elle ne se sent pas capable. ***Faites-le sans jugement***, en étant à l'écoute des réponses de cette partie de vous blessée. Cela peut prendre un moment avant que vos barrières tombent et que cette partie de vous fragilisée ose se confier. Avec patience et bienveillance, vous parviendrez à atteindre le souvenir lié à cette partie de vous qui a souffert, à cette fausse croyance.

Étape 2 : Libérer les parties de soi blessées

Lorsque vous identifiez une expérience douloureuse ayant créé une croyance limitante, c'est à vous de vous exprimer, et d'expliquer à cette partie de vous blessée qu'aujourd'hui, elle n'a plus à se sentir mal, car vous êtes suffisamment confiante pour ne plus avoir besoin de vous protéger. ***Demandez à cette partie de vous si elle veut bien vous faire confiance et vous libérer***, afin que vous puissiez ensemble réaliser vos désirs, sans retenue.

Étape 3 : Transcender les vieux schémas

Pour ancrer un peu plus profondément les changements, prenez un carnet. Notez les croyances que vous avez identifiées. En face de chaque croyance, écrivez un mantra contraire, pour renverser le schéma.

FAUSSE CROYANCE	MON MANTRA POWERFUL
Je ne mérite pas d'être aimée car je ne suis pas assez bien, car dans mon enfance j'étais en échec scolaire alors que ma sœur était toujours première de sa classe.	*Je mérite d'être aimée pour qui je suis, j'ai beaucoup d'atouts et de qualités que je peux mettre en avant. Inutile de me comparer aux autres car je suis unique et parfaite telle que je suis.*
Je ne suis pas à l'aise devant les autres et n'ai rien d'intéressant à dire, car lorsque j'étais petite puis adolescente, mes parents n'avaient jamais le temps de m'écouter, trop occupés avec mes frères et sœurs et avec leur travail.	*J'ai ma place parmi les autres, ce que j'apporte est unique et enrichissant, et il est important et intéressant de le partager.*
....	....

Je cultive 10 attitudes saines pour mon bien-être

Le psychiatre et psychanalyste américain Daniel Harold Casriel a développé dans les années 60-70 les 10 attitudes saines à revendiquer pour soi. Ces 10 attitudes sont des postures fortes à adopter dans notre vie, pour neutraliser nos fausses croyances, prendre la responsabilité de nos vies et de nos besoins, et trouver un équilibre et un état de sérénité durables.

1. J'existe

Cela signifie que vous avez votre place dans ce monde, que vous avez une valeur ajoutée, que vous apportez quelque chose par votre existence. Vous prenez alors votre place.

➾ **En pratique** : répétez ces phrases comme des mantras (« J'ai ma place dans ce monde, j'ai une valeur ajoutée, j'apporte quelque chose par mon existence ») et essayez, jour après jour, de les « rendre vivants », en donnant votre opinion plus souvent, mais aussi en osant faire de plus grands gestes, pour prendre plus de place avec votre corps et vous autoriser à exister physiquement pour pouvoir incarner pleinement la personne que vous êtes.

2. J'écoute mes besoins

Reconnaître que vous avez des besoins est très important pour identifier et accepter qui vous êtes. C'est votre responsabilité de connaître et de combler vos envies, vos désirs et vos besoins. C'est aussi une chance de les partager avec d'autres. Chacun a des désirs et besoins spécifiques, et vous montrez l'exemple en vous occupant des vôtres.

3. J'ai le droit

Vous avez le droit d'être vous-même, sans en demander la permission. Vous prenez la responsabilité de votre propre vie.

4. Je ressens

Vous avez le droit d'exprimer des émotions, d'exprimer ce que vous ressentez sans avoir peur de choquer ou de blesser quelqu'un. Ce que vous ressentez vous concerne vous, ce n'est pas un jugement envers les autres, vous avez le droit de l'exprimer.

5. Je suis moi

Vous pouvez être différente des autres, suivre un chemin différent, un chemin que certain·e·s n'approuvent pas, car c'est votre chemin, qui vous correspond personnellement et vous rend unique.

6. Je suis aimable

Vous êtes quelqu'un que l'on peut aimer, vous n'avez pas besoin de changer pour que l'on vous aime, vous êtes aimable telle que vous êtes. Les personnes qui ne vous aiment pas émettent une opinion personnelle qui ne remet pas en question la personne aimable que vous êtes.

7. Je suis assez bien

Vous êtes suffisamment bien comme vous êtes, ne vous comparez pas aux autres, vous êtes imparfaite, c'est normal et vous êtes très bien comme ça.

8. Je suis puissante

Vous n'êtes ni sans recours ni sans espoir, vous savez vous prendre en charge, vous occuper de vos besoins et de vous-même.

En pratique : répétez le mantra « Je suis puissante » et imprégnez-vous de son message pour vous sentir souveraine au quotidien. Prenez en charge vos besoins, et quand vous ne vous en sentez pas capable, allez puiser dans vos ressources sans renoncer, c'est comme ça que vous les développerez.

9. Je suis responsable de moi, pas des autres

Vos désirs, vos attentes dans la vie sont votre responsabilité, n'attendez pas des autres qu'ils comblent vos besoins à votre place, et vous n'êtes pas là pour combler les désirs des autres.

10. Je prends soin de moi avant tout

Vivez votre vie pour vous et non pour les autres, et en vous faisant passer d'abord, vous allez vers les autres en étant épanouie et en ayant quelque chose à offrir.

Je diminue ma charge mentale

Diminuer sa charge mentale, c'est augmenter son potentiel de sérénité. Bien souvent, la charge mentale, c'est nous-mêmes qui nous l'attribuons. Nous ne sommes pourtant pas obligées de porter le poids du monde sur nos épaules, encore moins seules, et de nous infliger plus que ce que nous sommes en capacité de faire.

Qu'est-ce que la charge mentale?
La charge mentale, c'est avoir l'esprit saturé de choses à faire, à ne pas oublier, et le sentiment de ne jamais pouvoir débrancher de sa to-do list. La charge mentale est particulièrement lourde chez les femmes qui doivent souvent gérer autant de choses à la maison qu'au travail, avec l'impression de vivre une double journée et de n'avoir jamais de temps pour elles-mêmes.

Apprenez à déculpabiliser, c'est la première étape pour se décharger. Vous n'avez pas de superpouvoirs pour tout gérer, personne n'en a. Il est impossible de tout assumer tout le temps et de rester saine d'esprit en permanence.

Accepter sa vulnérabilité est un acte sain et courageux qui permet d'être plus vraie avec soi-même. Choisissez de déléguer à votre entourage, à vos collègues, et partagez un peu de votre fardeau. S'il vous tient à cœur de faire de votre mieux, il est primordial d'accepter vos limites, sous peine de tout faire à moitié et n'importe comment.

Déléguer pour mieux faire est un cadeau que vous vous faites à vous, mais aussi aux autres.

Ma relaxation yogique

Il suffit parfois de quelques minutes à soi, de s'accorder une pause sans rien faire, pour soulager le mental et récupérer.

La posture super-relaxante (*savasana*)

Cette posture qui consiste à être simplement allongée sur le dos, en fin de cours de yoga, est une posture bien plus importante qu'il n'y paraît. C'est même la posture la plus importante, puisqu'elle permet au cerveau d'assimiler la pratique, de préparer à la méditation, mais aussi de laisser le corps se régénérer en passant en mode parasympathique (du nom de notre système nerveux du repos et de la digestion).

Pourquoi privilégier cette pratique relaxante ?

Cette posture hyper-simple est souvent cantonnée à la fin d'un cours de yoga. Pourtant, elle peut se pratiquer indépendamment d'un cours, et même régulièrement.
Le système nerveux sympathique est notre mode veille. C'est lui qui est aux commandes lorsque nous avons besoin d'être dans l'action, de réfléchir, de produire quelque chose. Le système nerveux parasympathique, quant à lui, gouverne les fonctions de repos, sommeil, digestion (des aliments mais aussi des expériences). Au cours de la journée, nous passons de façon naturelle d'un mode à l'autre lorsque nous en avons besoin. Mais à force d'être tout le temps active, de faire les choses à un rythme effréné qui génère un stress chronique, on épuise son système nerveux et surtout on ne sait plus switcher et passer en système nerveux parasympathique lorsqu'il le faut. Pour avoir un sommeil serein, une digestion harmonieuse, et garder un niveau de stress raisonnable, il est important de ne pas être constamment dans l'action et de laisser l'organisme se régénérer suffisamment, c'est pourquoi faire entrer la pratique de la relaxation dans sa vie, c'est se faire un cadeau inestimable. La relaxation est une pratique à part entière, et elle bien moins exigeante que celle de la méditation.

Comment je pratique ?

La durée est de 10 à 20 minutes.

Quand pratiquer ?

Régulièrement, le midi par exemple, après le repas en guise de sieste, le soir en rentrant du travail pour créer un sas de décompression entre votre journée et votre soirée, le week-end ou encore avant d'aller vous coucher, pour vous apaiser avant de dormir.

La posture en pratique

Allongée sur le dos, les bras le long du corps, les jambes écartées à la largeur du bassin. Sur un tapis de yoga, sur votre lit, votre canapé ou dans l'herbe, avec une couverture pour vous recouvrir.
Écoutez une musique douce, le chant des oiseaux ou le silence. Décroisez les jambes et les bras, prenez de la place et déposez bien votre corps sur le sol. Il est important de

ne pas avoir froid, pour que votre corps ne soit pas occupé à se réchauffer. Fermez les yeux et autorisez-vous à « être » et à ne plus « faire ». C'est un moment de détente, de repos, rien qu'à vous, soyez pleinement présente pour en profiter.

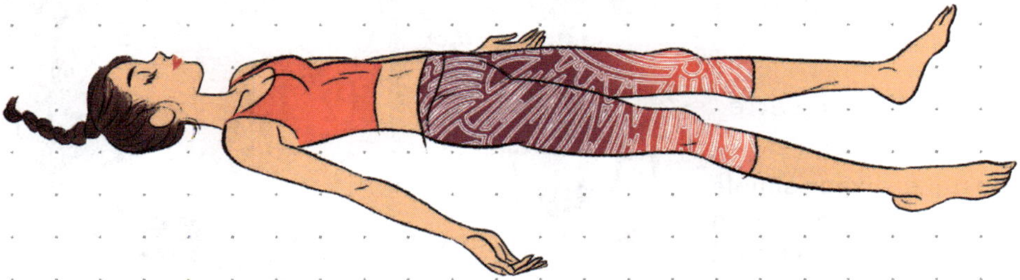

À la fin de la relaxation, prenez le temps de vous étirer comme un chat, avant de sortir complètement de ce moment. Et surtout, n'attendez pas d'être au bout du rouleau pour recommencer !

Ma détox émotionnelle

Les enfants crient, pleurent, boudent sans retenue, en privé ou en public. C'est qu'on ne leur a pas encore appris à refréner leurs émotions. En grandissant, parents, éducateurs, école et institutions resserrent petit à petit la bride de leur spontanéité. Pleurer est bientôt vu comme un signe de faiblesse, crier comme un signe d'autorité, de perte de maîtrise de soi ou bien d'hystérie. Pourtant, nos émotions sont toujours présentes à l'âge adulte, et elles ont besoin d'être exprimées, de s'écouler librement…

Ma séquence de yoga pour libérer mes émotions

Le bassin, siège du 2e chakra (chakra sacré) situé au niveau du sacrum, lié aux désirs, à notre identité profonde, à notre force vitale, est aussi l'endroit où se figent les émotions non exprimées et où stagnent les énergies quand ce chakra n'est pas équilibré.
Dans notre société occidentale, nous n'avons pas l'habitude d'assouplir nos hanches au quotidien. S'asseoir par terre en tailleur par exemple est souvent difficile si l'on n'a pas pratiqué la danse ou la gymnastique, alors qu'en Asie, on s'assied régulièrement par terre jambes croisées, hanches ouvertes.

Pratiquez régulièrement des postures pour ouvrir les hanches est très important pour garder les articulations souples et permettre une meilleure circulation des fluides et des énergies dans le bassin.

Quand ? La pleine lune est un bon moment pour une détox émotionnelle (voir « Je suis les cycles de la Lune », p. 77), car les énergies ont tendance à s'accumuler pendant la phase ascendante de la Lune, et le trop-plein a besoin d'être libéré, avant la phase descendante vers la nouvelle lune.

30 minutes pour libérer et assouplir le bassin et les hanches

1. Le moulin du sufi

Sur votre tapis, commencez par échauffer les hanches et le bas du dos en pratiquant le moulin du sufi. Assise en tailleur, les mains sur les cuisses, faites des cercles avec le bassin en inspirant vers l'avant et en expirant vers l'arrière. Mobilisez bien toute la région du ventre et des lombaires pour mettre du mouvement dans tout le bassin et réveiller les hanches. Changez le sens de vos cercles au bout de quelques minutes et continuez de l'autre côté.

Cet exercice est un très bon échauffement, à pratiquer le plus régulièrement possible.

2. Les cercles de hanches

Venez ensuite vous mettre à 4 pattes, les genoux écartés de la largeur du tapis, les gros orteils se touchant, les mains devant les épaules. Faites là aussi des cercles, plus amples, pour coordonner les mouvements du bassin et des épaules. Inspirez vers l'avant et sur l'expiration, amenez les fesses vers les talons, puis changez de côté après quelques minutes.

3. Le lézard

Toujours à 4 pattes, avancez votre pied droit bien à plat à l'extérieur de la main droite et reculez le pied gauche, genou toujours au sol, dans la posture du lézard. Cet étirement est plus intense. Selon vos possibilités, gardez les mains posées ou descendez sur vos coudes avant de relâcher la tête vers l'avant. Essayez de rester immobile dans cette posture pendant 10 respirations avant de changer de côté. L'immobilité permet d'aller plus loin dans la posture. Le système nerveux a le temps de relâcher un peu ses résistances et l'étirement est plus intense, remettant en mouvement les fluides dans les tissus profonds.

4. Le pigeon

Depuis le lézard, ramenez la jambe gauche pliée au sol devant vous (le pied orienté vers la droite) et laissez la jambe droite s'allonger totalement vers l'arrière. Vous pouvez glisser une brique ou un petit coussin sous la fesse gauche si celle-ci se soulève. La posture du pigeon est également intense à travailler de façon immobile. Penchez-vous en avant, jusqu'au sol si vous y parvenez. Respirez dans la hanche gauche qui s'étire, ou bien là où vous en ressentez le besoin. Accompagnez votre corps dans le relâchement en restant 3 minutes par côté.

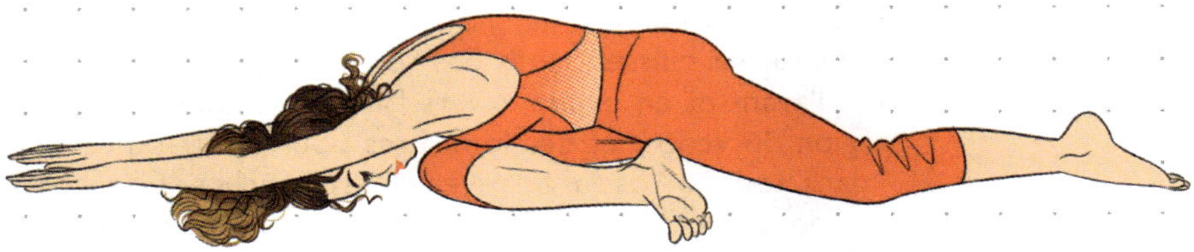

5. Les cercles avec les genoux

Passez sur le dos, allongez-vous en repliant les genoux contre la poitrine. Puis laissez les genoux s'ouvrir et en les tenant dans chaque main, faites des cercles dans un sens puis dans l'autre pour détendre les hanches pendant 2 à 3 minutes.

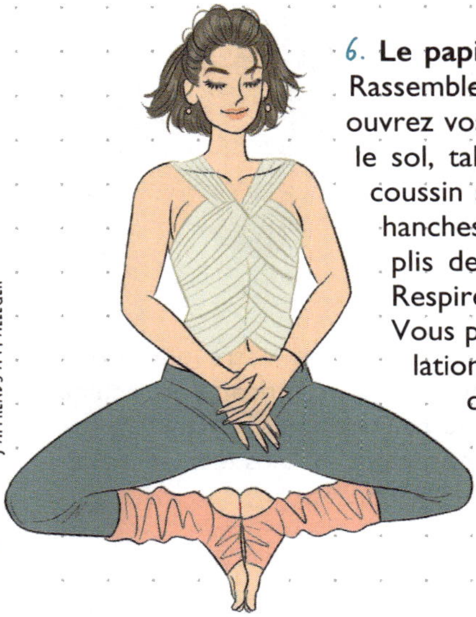

6. Le papillon sur le dos

Rassemblez ensuite les plantes de vos pieds, ouvrez vos genoux et déposez la tranche des pieds sur le sol, talons près du pubis. Vous pouvez caler une brique ou un coussin sous chaque genou si l'étirement est trop intense dans les hanches. Placez avec bienveillance vos mains sur le ventre et les plis de l'aine pour vous concentrer sur cette partie du corps. Respirez en gonflant et en dégonflant bien le ventre, sans effort. Vous pouvez également masser doucement le ventre et les articulations des hanches pour stimuler la circulation de la lymphe et des énergies du bassin. Restez 5 minutes dans cette posture, ou davantage si vous en ressentez l'envie.

7. **Savasana**

Allongez enfin les jambes puis restez en posture allongée, les bras le long du corps pour une relaxation de 10 minutes. Soyez à l'écoute de vous-même, de votre ressenti et de vos émotions. Soufflez par la bouche lorsque vous en ressentez le besoin, la respiration est un excellent outil de libération émotionnelle.

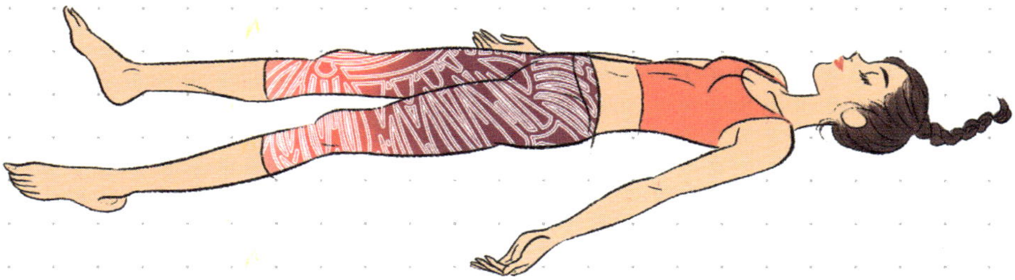

Je cultive la résilience

La résilience est notre capacité à rebondir sans être constamment cabossées par les mauvais coups de la vie, à surmonter les chocs traumatiques. C'est une manière d'avancer sereinement, malgré les aléas et mauvaises expériences de la vie. Pour cultiver la résilience, il faut permettre à nos émotions de s'exprimer pleinement pour qu'elles n'entravent pas notre chemin, qu'elles ne s'impriment pas durablement en nous. Voici 2 techniques pour cultiver la résilience.

La visualisation, pour laisser le passé derrière soi

1. **Installez-vous en position assise,** sur une chaise par exemple, le dos droit. Fermez les yeux et, pendant quelques minutes, observez votre respiration pour revenir complètement dans le moment présent.
2. **Puis, toujours les yeux fermés, visualisez-vous physiquement dans l'espace.** Tout ce qui se trouve derrière vous est dans le passé, vous êtes dans le présent et vous regardez devant vous, votre chemin qui se déroule, cette page blanche qui s'offre à vous. Concentrez-vous sur la situation, la personne ou encore les sentiments que vous voulez laisser derrière. **En ouvrant vos mains, accueillez-en la substance, les émotions, l'énergie.** Elle peut se matérialiser sous la forme d'une boule de feu, ou de gaz, être en couleur peut-être. En tenant cette énergie entre vos mains, exprimez de la gratitude envers ce que vous voulez maintenant laisser, mais qui, à un moment de votre vie, vous a probablement servi. Puis acceptez de lâcher ce qu'il en reste, c'est-à-dire cette énergie entre vos mains, et d'un geste, laissez-la glisser derrière vous, pour qu'elle n'appartienne plus qu'au passé.

3. **Comme notre cerveau n'aime pas le vide, visualisez devant vous ce que vous souhaitez créer**, semer ou projeter, en utilisant l'espace que vous avez libéré dans le présent. Sur le chemin qui s'ouvre largement devant vous, vous pouvez jeter des graines, ou bien poser des briques, ou encore visualiser les contours de votre nouvelle vie se dessiner doucement.

Quand pratiquer ?

Faites cette visualisation au moment de la nouvelle lune, après une rupture, au moment de vous lancer dans un nouveau projet, à chaque étape nouvelle de votre vie, et à chaque fois que vous avez besoin de vous alléger pour aller de l'avant.

La méthode de guérison Ho'oponopono

Ho'oponopono est une prière ancestrale de guérison hawaïenne. Elle peut se traduire par « remettre les choses en ordre, rétablir l'équilibre ». C'est une tradition sociale et spirituelle des anciens pour se repentir et se réconcilier avec soi et les autres.

L'acte de pardon est primordial dans le processus de résilience…

Pardonner à quelqu'un, se pardonner à soi, être pardonnée. Le pardon est un acte incroyablement empouvoirant. Il permet de libérer les émotions et les schémas, d'aller de l'avant et de s'alléger pour retrouver sa sérénité.

Le rituel Ho'oponopono, qui se transmettait à l'oral de génération en génération, a été simplifié par Joe Vitale, hypnothérapeute et guide spirituel américain, pour se concentrer dans la phrase : **« Pardon, désolé(e), merci, je t'aime »**.

La répétition de cette phrase permet, petit à petit, de reprendre conscience de l'importance de ces mots. À la fin de mes cours de yoga, je dis toujours à mes élèves de se remercier pour le temps qu'ils se sont accordé et pour leur présence. Un jour, l'un d'eux m'a dit : « au début, je ne comprenais pas du tout pourquoi il fallait se remercier, je trouvais ça bizarre, et puis au bout d'un moment j'ai compris ce que ça voulait dire et que c'était vraiment important ». Se dire merci, c'est en effet reconnaître que ce sont nos choix et notre volonté qui mettent sur notre chemin toutes ces choses et relations qui nous enrichissent. Nous sommes les créatrices de nos vies et nous méritons de recevoir cette gratitude qui est un encouragement à continuer sur cette voie.

Les Hawaïens pensent que se guérir soi, se réconcilier et se pardonner permet de guérir le monde, car chaque personne en est une petite partie, dont elle a la responsabilité.

Comment pratiquer ?

Ho'oponopono est un rituel de connexion, une belle habitude de vie à prendre, une philosophie à adopter au quotidien.

Prenez un moment pour vous isoler, vous retrouver avec vous-même et vous connecter à vous, peut-être en posture de méditation, en allumant une bougie ou en posant vos mains sur le cœur. Répétez « Pardon, désolé(e), merci, je t'aime » comme un mantra, en pleine conscience, à voix haute ou mentalement, autant de fois que vous le jugez nécessaire.

Quand?
Pratiquez ce rituel régulièrement, sur de courtes périodes de quelques jours, quelques minutes par jour.

Ma détox alimentaire

Alimentation et émotions sont intimement liées. Notre relation à la nourriture est complexe, et parfois ce sont nos émotions qui dictent notre comportement alimentaire. Au cours de sa vie, chaque personne crée son schéma alimentaire en fonction de ses expériences, ses habitudes, ses émotions et son stress, mais aussi de son corps et de son poids.

L'alimentation représente bien plus que notre façon de nous nourrir!

Elle impacte la façon dont nous nous sentons, d'abord physiquement. Quand nous consommons nos aliments préférés, ceux qui stimulent nos sens, notre goût mais aussi la vue et l'odorat et nous procurent du plaisir, nous libérons de la dopamine, l'hormone du bien-être. Un dessert sucré peut alors équivaloir à un câlin ou un doudou, rassurant et réconfortant. L'alimentation a également ce rôle rassurant dans sa dimension sociale. Partager un repas avec les personnes que l'on aime, c'est partager de l'amour. Dans notre cerveau, se nourrir = se donner du plaisir. On peut alors chercher à retrouver ce sentiment de plaisir lorsque l'on se sent seule, pour combler un manque, apaiser un sentiment de tristesse ou même de l'ennui. Certains aliments peuvent quant à eux être liés à un sentiment de culpabilité s'ils sont trop gras, trop sucrés ou mauvais pour la santé. L'interdit qu'on se pose crée dans ce cas une frustration, l'une des émotions les plus difficiles à contenir. À la moindre contrariété, vous pouvez être sûre de craquer et de vous ruer sur ces friandises, une manière d'avaler les émotions que vous ne pouvez pas exprimer.

Pour vivre en harmonie avec soi-même, sereine dans son corps et dans son esprit, il est important de ne pas laisser nos émotions prendre le contrôle de notre alimentation, et de retrouver un équilibre sain entre émotions et nourriture.

Le sucre, ce doux poison

Le sucre est notre première source d'énergie

Notre corps est capable de le fabriquer à partir d'hydrates de carbone contenus dans les pommes de terre ou le pain par exemple, mais il est aussi capable d'en produire à partir de graisses. Une alimentation sucrée n'a donc rien d'indispensable. Pourtant, notre goût pour le sucré est inné. Le glucose a un effet apaisant et antistress. De plus, les aliments sucrés vont activer le système de récompense dans le cerveau, qui va produire de la dopamine (une substance chimique qui transmet des informations entre les neurones). Ce système renforce le lien entre sucre et plaisir et encourage à répéter ce comportement. Un vrai diable déguisé !

Le sucre a un haut pouvoir addictif, comme l'ont montré des recherches menées par Serge Ahmed, directeur de recherche au CNRS. Une étude a notamment montré que des rats, « drogués » à la cocaïne et au sucre, étaient majoritairement attirés vers le sucre plutôt que vers l'autre poudre blanche lorsqu'ils avaient le choix. Comme toute drogue, le sucre euphorise, mais il s'ensuit un coup de barre et de déprime qui va avoir pour conséquence de nous pousser rapidement vers lui, pour ressentir à nouveau cet état de plaisir.

Aujourd'hui, le sucre est partout dans notre alimentation, notamment parce que les industriels jouent sur son pouvoir addictif, mais aussi parce qu'il est peu cher à produire et fait un excellent conservateur. Ils en ajoutent donc dans toutes leurs préparations, même salées, comme les plats préparés, les soupes... Nous sommes passés en France d'une consommation de moins de 2 kg de sucre par an et par personne il y a 70 ans à plus de 30 kg aujourd'hui. Cette consommation massive augmente le risque de développer des problèmes de santé, comme du diabète, des problèmes cardiovasculaires, une dépression ou des troubles psychiques.

Quels sucres consommer (avec modération) ?

Saviez-vous qu'il existe aujourd'hui de multiples façons de sucrer ses yaourts ou son café sans passer par la case « sucre blanc raffiné » ? Pour que le sucre reste un plaisir et ne soit pas délétère, voici quelques conseils pour mieux le consommer…

Le sucre blanc

Celui que nous consommons en France est principalement issu de la culture et du raffinage de la betterave sucrière. Ce produit transformé, dont on extrait la mélasse contenant les vitamines, est ce que l'on appelle un sucre raffiné. Il fait monter la glycémie en flèche mais n'apporte pas de nutriments. Ce sont des calories vides.

Les sucres complets, non raffinés

Ce sont par exemple le *rapadura* ou le *muscovado*. Issus de la canne à sucre, ils ont un goût prononcé de caramel ou de réglisse. Ils sont pleins de vitamines et remplacent à merveille le sucre blanc. Vous les trouverez en magasins bios, et souvent produits de manière équitable.

Les sucres liquides

Le sirop d'érable au goût délicieux, ou le sirop d'agave, à l'index glycémique bas, qui contribuent à garder une glycémie équilibrée et une bonne santé, sont une parfaite alternative au miel pour les végétaliens.

Le sucre de coco

À tester également, il est lui aussi riche en vitamines et contient de l'inuline, un prébiotique également présent dans l'agave. Les prébiotiques favorisent la croissance des bonnes bactéries du microbiote. Ces sucres, moins chimiques et plus nutritifs, n'en sont pas pour autant des atouts santé, il faut toujours les consommer avec modération !

Snackez sans culpabiliser !

Voici les 2 meilleurs snacks sucrés du monde…

- Une datte fourrée : prenez une datte Medjool (les dattes fraîches et moelleuses), retirez-en le noyau. Mélangez quelques pincées de cannelle à une cuillère à café de purée d'amandes complètes, dans un petit bol. Garnissez la datte de la purée d'amande, et dégustez en pleine conscience ce petit goût de paradis.
- Une figue fourrée : dans une figue séchée, faites une petite incision pour y introduire un carré de chocolat noir 70 %.

Alors, lequel vous préférez ?

J'arrête de manger mes émotions !

Suivez nos deux tips pour arrêter de manger vos émotions, sans frustration !

1. Manger en conscience

Bien souvent, nous mangeons en parlant, en écoutant, en regardant la télé. Apprendre à manger consciemment, c'est-à-dire en faire une activité à part entière, en se concentrant sur la nourriture uniquement, permet de retrouver un rapport plus sain à l'alimentation.

En faisant cela, vous ralentissez automatiquement le rythme et mastiquez plus consciencieusement chaque bouchée, ce qui a pour effet de produire plus d'enzymes (pour une meilleure digestion et une bonne assimilation) et de retrouver un sentiment de satiété. Vous mangez donc mieux, moins, et à votre faim, sans aucune sensation de manque. Vous goûtez au contraire mieux chaque aliment, en utilisant pleinement vos 5 sens.

2. Pratiquer le yoga

Le yoga n'est pas qu'une pratique physique, c'est une philosophie de vie pour se connecter profondément à soi, dans toutes nos dimensions. Intégrer une pratique régulière du yoga dans son quotidien est un moyen de mieux se connaître et de développer sa capacité à écouter tous ses besoins. En pratiquant régulièrement, vous vous connectez à votre corps, et petit à petit à la manière dont il fonctionne. Votre façon de vous alimenter commence alors à évoluer doucement, vous vous orientez naturellement vers une alimentation plus en accord avec vos besoins. *« Practice and all is coming »*, dixit le célèbre Sri K. Pattabhi Jois, l'un des maîtres yogis contemporains ayant amené le yoga en Occident. Pratiquez et tout le reste suivra, car tout est déjà là, en vous.

Whole30, ma détox alimentaire

Le Whole30 est une détox anti-inflammatoire venue des États-Unis. Le programme, créé par Melissa Hartwig et son mari Dallas Hartwig en 2009, fédère des millions d'adeptes et d'abonnés sur Instagram. Il s'étale sur 30 jours durant lesquels on élimine de son assiette les céréales (blé, riz, maïs…), la plupart des légumineuses (haricots, pois chiches, soja…), les produits laitiers, les sucres (sauf les fruits), tous les additifs et produits transformés, l'alcool... Cette diète, très proche d'un régime paléo, le mode de nourriture de nos ancêtres chasseurs-cueilleurs avant que l'invention de l'agriculture ne change le cours de l'Histoire, est une détox anti-inflammatoire (les produits laitiers et les produits transformés sont parmi les plus inflammatoires, alors que les céréales sont irritantes), doublée d'une détox de nos habitudes alimentaires et de nos addictions, notamment aux glucides.

Melissa Hartwig souffrait de problèmes d'addiction à différentes drogues depuis la fin de l'adolescence. En passant de l'une à l'autre, elle s'est aperçu que pour sortir de ce cercle vicieux, il fallait tout changer dans sa façon de vivre. Avec le Whole30, elle met le doigt sur nos habitudes alimentaires, inscrites dans des schémas d'addiction au sucre et glucides, à la junk food, aux différents additifs créés par les industriels pour nous faire consommer toujours plus.

Le Whole30 est donc une détox intense, qu'il convient de suivre sans entorse, pendant 30 jours, afin de rééquilibrer de façon durable notre alimentation et sortir de nos addictions alimentaires, très souvent en corrélation avec des angoisses existentielles. L'un des principes de cette diète est de ne pas chercher de substituts pour remplacer les aliments interdits, car l'idée est de faire face à ses émotions sans chercher à les calmer par des moyens détournés.

À éviter pendant ma diète

Le beurre de cacahuètes et les petits pois qui sont des légumineuses, les simili-céréales, comme le quinoa ou le sarrasin, le chocolat noir qui contient du sucre, les substituts de pain, de pâtisseries, etc.
En clair, il est aussi important d'éliminer le blé pour ses propriétés irritantes que de se défaire de notre addiction au pain sous toutes ses formes.

Objectif bien-être et sérénité, sans addiction

Pour avoir tenté l'expérience, je peux vous dire que c'est difficile, mais que ça en vaut la peine ! Exit les problèmes de ballonnements, de mauvaise digestion, de brouillard mental, vous allez retrouver de l'énergie, une meilleure humeur, et reposer votre flore intestinale, si importante dans l'équilibre corps-esprit. Lancez-vous !

3 tips pour bien vivre le Whole30

1. Bien vous préparer

Ne vous lancez pas dans cette diète à l'improviste ! Préparez-vous des menus à l'avance, pour la première semaine au moins. Vous trouverez plein d'idées de menus sur Instagram avec le #whole30. Prévoyez vos sorties et repas à l'extérieur pour ne pas vous retrouver dans un resto qui ne sert que des burgers, faites vos courses à l'avance pour ne jamais manquer de rien et ne pas être tentée de craquer.

2. Ne pas penser au manque

L'erreur la plus commune quand on stoppe quelque chose, c'est de rester focalisée sur le manque. Voyez votre diète comme un moyen de découvrir une autre façon de manger et de tester de nouvelles recettes plutôt que comme une privation. C'est un choix que vous avez fait, personne ne vous prive.

3. Vous faire plaisir

Encore une fois, il ne s'agit pas de privation, mais de changement. Redécouvrez le plaisir de cuisiner, le goût des légumes, les épices et leurs mariages subtils, faites-vous des smoothies, chouchoutez-vous. Vous aurez la satisfaction de prendre soin de vous tout en vous faisant du bien.

Quelques idées de petits délices pour kiffer votre diète !

Mon granola aux amandes et graines, sans sucre raffiné

Dans un saladier, mélangez quelques poignées d'amandes, de noisettes, de noix de cajou et pécan, de graines de courge et de pignons, un peu de noix de coco râpée, des raisins secs (ou autres fruits secs non sucrés), ajoutez un peu de cannelle et de vanille, ainsi que le jus d'une orange ou de pommes ou de raisins. Faites torréfier au four à 110 °C pendant 1 h. Consommez votre granola avec un peu de lait d'amande ou du yaourt de noix de coco, c'est délicieux !

Mon toast rassasiant à la patate douce

La patate douce est un must-have pendant la diète, elle est rassasiante et permet plein de recettes !

Coupez une patate douce dans la longueur en plusieurs tranches de 2 cm d'épaisseur. Placez les tranches dans un plat, ajoutez un peu d'huile d'olive, salez et poivrez puis enfournez pour 20 mn à 180 °C. Étalez sur votre toast (votre tranche de patate douce) quelques jeunes pousses d'épinards, du fromage végétal (sans additifs, en magasin bio) ou de la purée d'oléagineux (mixez plusieurs types de noix avec des épices pour obtenir une purée goûtue et onctueuse), quelques olives et tomates séchées.

Ma crème suave au chocolat à base d'avocat

L'avocat aussi vous sauvera la vie, il est nourrissant et plein de bon gras.

Mixez 1 demi-avocat, 2 cuillères à soupe de cacao maigre et 4 dattes dénoyautées avec quelques centilitres de lait de coco jusqu'à obtenir une crème lisse, puis versez la crème dans un bol.

Ma détox digitale

L'année 2020 a marqué un grand tournant dans l'ère du digital. Nos cours de yoga, apéros et réunions pros sont désormais possibles par écrans interposés. Nous sommes dans l'ère de « l'hyperdigital ». Si pouvoir se connecter partout et avec tout le monde a des avantages certains, les dangers sont aussi nombreux pour notre intégrité mentale. Vie virtuelle et sérénité ne vont pas de pair. Passer des heures devant un écran fatigue les yeux, peut devenir aliénant et changer notre façon de percevoir le monde.

Les écrans et mon bien-être

L'hyper-connexion est un fléau !

Passer des heures, voire des journées entières les yeux rivés à un tout petit espace réfléchissant n'a rien de normal pour un être humain. Notre cerveau est fait pour diriger un corps en mouvement. Nos yeux sont conçus pour voir de loin autant que pour voir de près, pour se projeter dans l'espace. Nos muscles sont faits pour être contractés, étirés, relâchés. Nos fluides sont faits pour circuler. Nous ne sommes pas faits pour être sédentaires. De longues stations en position assise écrasent les muscles, tassent les vertèbres et façonnent petit à petit notre corps dans une posture inadaptée et douloureuse. L'immobilité fausse la perception de nos besoins physiologiques. On se tournera alors facilement vers une alimentation grasse, sucrée, réconfortante, ce qui jouera sur notre humeur mais aussi sur notre sommeil.

Se couper du réel engendre une addiction à l'hyper-connexion, plaisir facile qui peut avoir l'avantage illusoire de nous éloigner de nos vrais problèmes sans pour autant les régler. Les personnes qui s'habituent à rester seules devant leur écran auront tendance au repli, à ne plus faire l'effort de socialiser et risquent de se retrouver isolées.

La surconsommation d'écran a également pour effet de stimuler la réactivité cérébrale, et notamment notre attention réactive, c'est-à-dire notre attention à ce qui se passe à l'extérieur, au détriment de notre attention introspective, c'est-à-dire à ce qui se passe à l'intérieur de nous. Cette déconnexion du réel peut mener à développer un état dépressif.

Focus sur les réseaux sociaux

Facebook, Twitter, Instagram, Snapchat, Tik Tok... Les réseaux sociaux ont envahi nos vies et ne cessent de se multiplier. Plus qu'une façon de communiquer les uns avec les autres, ils sont un moyen de nous créer une vie parallèle, fantasmée, parfois décomplexée. Malheureusement, ils créent souvent bien plus de problèmes qu'ils n'en résolvent. Les attitudes négatives qu'ils font ressurgir en nous (la comparaison et la dévalorisation, la jalousie) mais aussi la pression qu'ils engendrent et les injonctions qu'ils induisent entament sérieusement notre potentiel sérénité. Si les réseaux sociaux ne reflètent pas la vraie vie, notamment Instagram, véritable banque d'images ultra-retouchées, source de désir pouvant rapidement se transformer en injonction, source de mal-être.

Les réseaux sociaux sont addictifs, ils ont été pensés pour que vous y passiez le plus de temps possible. Mobilisant quasiment tous nos sens, ils prennent vite toute notre attention, et ce que nous y voyons, entendons, captons, peut à terme dans notre cerveau être confondu avec la réalité. Une réalité distordue qui nous aliène. Rappelons que le cerveau ne fait pas la différence entre réel et imaginaire. Et c'est pareil pour le virtuel. Une situation vécue en 2D ou en 3D aura donc à peu près le même effet sur lui. Imaginez alors, toutes les expériences que votre cerveau enregistre en une heure passée à scroller.

Pour éviter de saccager notre sérénité à long terme, il faut procéder par étape. Défaire pour tout refaire en mieux.

Un programme détox s'impose, avec comme maître-mot le choix. Ne vous laissez plus imposer une vie virtuelle qui ne vous correspond pas, créez celle qui vous sert. Les réseaux doivent être à votre service et non l'inverse.

Mes 3 étapes de détox

Les réseaux sociaux ont deux avantages principaux : nous permettre de communiquer avec des personnes à l'autre bout du monde, de « rencontrer » des gens que vous n'auriez

jamais pu rencontrer dans la vraie vie, et celui de pouvoir fédérer une communauté autour de valeurs communes, avec des personnes qui vous ressemblent. Si l'on prend garde à rester dans cette perspective, les réseaux sociaux peuvent amener beaucoup de positivité. Alors pour en profiter pleinement sans se laisser piéger, faites le tri dans vos réseaux !

Étape 1 : Je passe 1 journée sans réseau ni écran

Choisissez un jour de repos, faites la grasse matinée, n'allumez pas votre téléphone et sortez ! Organisez-vous une journée en amoureux, en famille ou entre amies, pour avoir de vraies interactions sociales, ne pas être tentée de regarder vos messages et ne pas ressentir de frustration. Reconnectez-vous simplement à la vraie vie, en 3D. À la fin de la journée, prenez un moment pour noter comment vous vous sentez et ce que vous retirez de positif de cette journée. Puis choisissez un bon livre avant de vous endormir.

Étape 2 : Je fais le ménage dans mes mails, mes réseaux sociaux et mes comptes

Appliquez la méthode de Marie Kondo, la Japonaise qui fait fureur avec son système de rangement minimaliste en 3 étapes ! Sa méthode nommée KonMari, aujourd'hui mondialement connue, apporte sérénité et minimalisme à la maison. Pourquoi ne pas appliquer ces principes à votre vie virtuelle ? Commencez par prendre la décision de changer votre vie. C'est le plus important. Une détox digitale prend du temps, il s'agit de s'engager à se lancer, à aller au bout du changement et à le maintenir. Comptez un mois pour initier, ancrer et faire perdurer les changements.

Commencez par trier vos mails

Désabonnez-vous de toutes les newsletters que vous ne lisez jamais, supprimez les mails que vous ne relirez pas et qui prennent de l'espace, puis chaque jour, prenez le temps de pérenniser ce système en supprimant quotidiennement et avec plaisir les mails indésirables et ceux que vous n'aurez jamais le temps de lire. Fixez-vous une heure pour regarder vos mails, plusieurs fois par jour si vous en avez besoin professionnellement, puis supprimez les notifications de nouveaux mails sur votre téléphone.

Supprimez également les notifications de news
Parfois automatiquement enclenchées sur votre téléphone, elles vous servent des infos sensationnelles pour vous inciter à cliquer et sont hautement anxiogènes et chronophages.

Faites ensuite le tri dans les réseaux sociaux que vous utilisez
Supprimez ceux qui ne vous servent plus ou qui vous procurent des infos en double. Sur vos réseaux préférés, faites ensuite le tri des comptes que vous suivez et supprimez tous ceux qui vous agacent, qui vous rendent jalouse, vous font culpabiliser. S'ils ne vous apportent pas de joie, comme le dit Marie Kondo, direction la corbeille ! Sur les réseaux sociaux, on vient chercher une inspiration positive, des infos et sujets choisis. Le paysage de vos réseaux doit refléter vos aspirations et non être une source d'angoisse. Méfiez-vous aussi des comptes qui se prétendent bienveillants et sont en fait des machines à injonctions sociales. Ils sont très à la mode. Ce que vous faites de votre vie doit rester un choix personnel et ne pas être influencé par des diktats. Ne suivez que les comptes qui vous enrichissent, vous informent, vous font rire, bref, qui apportent un plus à votre vie, et quelque chose que vous ne trouvez pas ailleurs.

Étape 3 : Je gère le temps que je passe sur les réseaux

Pour ne pas tomber dans le piège du hameçonnage, coupez toutes les notifications de nouveaux messages, posts et autres publications proposées par vos réseaux. C'est vous qui décidez quand vous vous connectez, pas votre téléphone. Déterminez ensuite le temps que vous consacrerez aux réseaux. Sur Instagram, vous avez la possibilité d'activer un limitateur de temps qui vous préviendra quand vous aurez atteint votre quota journalier de connexion. **Préférez consacrer 30 minutes le matin, le midi ou le soir aux réseaux**, plutôt que 5 minutes par-ci par-là. Voyez ça comme une pause, mais productive, ne soyez plus tentée de scroller dès que vous vous ennuyez. Appréciez le soulagement de maîtriser votre temps et ce que vous regardez, et profitez du temps que vous aurez gagné pour lire, appeler un proche, vous balader, ou encore vous coucher plus tôt. Surtout, faites-le consciemment. Notez mentalement ou par écrit les avantages que vous trouvez à ce nouveau mode de fonctionnement, au fur et à mesure. Vous verrez qu'au bout d'un mois, vous vous sentirez fière de vous et tellement plus sereine !

Chapitre 4

Mes rituels pour maintenir mon équilibre et ma sérénité

Nous sommes des êtres cycliques et avons besoin de rites et de repères à travers les petits moments qui rythment notre quotidien, notre année et notre vie. Le temps de faire une pause, de se relier, de se retrouver. Au XXIe siècle, nous avons abandonné les rituels collectifs imposés pendant des siècles par les religions pour les remplacer par une nouvelle forme de rituels, individuels, qui nous connectent à nous-mêmes. Ils ont l'avantage de nous aider à nous discipliner mais aussi, paradoxalement, de nous rendre plus flexibles, plus à même de jongler entre notre vie personnelle, professionnelle et sociale…

Maintenant que vous vous connaissez mieux, que vous vous êtes allégée, il est temps de pérenniser, de ritualiser ce que vous avez mis en place, car la sérénité s'entretient au quotidien et en conscience. Encore une fois, la régularité est votre meilleure alliée. Cette dernière étape est donc consacrée à la mise en place de rituels pour vous permettre de maintenir votre sérénité au jour le jour et de rester en phase avec vous-même.

Je crée mon autel et espace sacré

L'intérêt de créer un autel est d'avoir un point d'ancrage qui vous rappellera de prendre soin de vous et de votre sérénité. Créer un autel n'a pas besoin d'être une démarche religieuse. C'est plutôt une sorte de représentation physique du lien avec vous-même (et votre spiritualité), dans un espace personnel, uniquement pour vous. Créer ce petit espace sacré chez vous vous permettra d'y insuffler vos propres énergies et intentions, et de vous y connecter facilement. Cet espace sera toujours plein de bonnes vibrations. Il sera un rappel, une invitation à prendre du temps pour vous. Un autel est un espace-temps sacré. Il s'agit à la fois d'un endroit pour méditer, écrire, lire, vous recueillir, et d'un moment : le présent. Il est donc très important de vous appliquer dans sa réalisation.

Où le créer?

Un autel est un lieu intime, un espace restreint. Évitez donc les lieux de passage et partagés. Créez votre autel dans votre chambre par exemple, votre bureau ou encore votre salle de bain. Selon l'espace dont vous disposez, vous pouvez utiliser un espace déjà existant, comme une étagère de bibliothèque, le rebord d'une fenêtre, le dessus d'une commode. Vous pouvez également vous créer cet espace en investissant par exemple un coin au sol, en y installant des coussins, un tapis pour le rendre confortable, ou encore en installant une petite table, un coffre ou un petit meuble dédié. Cet espace doit être à vous, et rien qu'à vous.

Mes objets rituels

Il est temps de garnir votre autel d'objets significatifs. Nous avons vu différentes techniques pour préserver votre sérénité, comme la tenue d'un cahier de gratitude ou d'habitudes et l'utilisation d'huiles essentielles. Vous pouvez garder ces objets sur votre autel, ainsi que vos lectures inspirantes, par exemple, et tout autre élément qui vous aide à vous connecter à vous et vous rend plus sereine. Choisissez minutieusement chaque élément en fonction de la manière dont il résonne avec votre besoin de connexion spirituelle. Cet autel doit vous ressembler. Rien n'y est obligatoire, tout est fonction de vous.

1 objet = 1 élément

Vous pouvez ensuite ajouter des objets représentant les 4 éléments. Pour être pleinement sereine et en phase avec soi, il faut l'être aussi avec tout ce qui nous constitue, chaque élément qui se retrouve en nous et autour de nous. L'air, l'eau, le feu et la terre sont les 4 éléments indispensables à toute vie sur Terre. Ils permettent de rester en lien avec la nature et vous aideront à vous connecter à toutes les dimensions de votre être. N'hésitez pas à vous servir d'éléments ramassés lors de promenades en forêt, sur la plage ou en voyage. Plus ils seront significatifs pour vous, plus leur puissance de connexion sera grande.

Voici quelques exemples d'objets représentant les différents éléments :

- **Élément terre** : un pot ou vase en terre cuite, un morceau de bois, de la terre rapportée de voyage ou d'une balade, du sel, des cristaux, des pierres.
- **Élément eau :** une coupelle ou une fiole d'eau, un vase de fleurs fraiches, des coquillages.
- **Élément feu** : des bougies et des allumettes, du *palo santo* (bois ancestral qui pousse en Amérique du Sud, utilisé traditionnellement dans les rituels), de l'encens.
- **Élément air** : des plumes, de l'encens, un diffuseur aérien.

Comment nettoyer mon espace sacré?

Pour consacrer votre autel, et ensuite le purifier régulièrement, vous aurez besoin de plantes pour nettoyer l'air et les énergies stagnantes. Nos espaces intérieurs sont souvent bien plus pollués par les produits chimiques émanant des textiles, meubles, objets et produits ménagers, que l'air extérieur. De plus, les énergies ont tendance à s'imprégner dans les endroits fermés. Or, comme nos émotions, elles ont besoin de circuler.

J'aère l'espace

Il est important d'aérer régulièrement votre intérieur et de nettoyer votre espace, particulièrement votre espace sacré, grâce à des plantes aux vertus purificatrices.

La sauge, star des plantes purificatrices

La sauge blanche, ou sauge sacrée, venant d'Amérique du Nord, est une plante utilisée depuis des siècles, notamment par les Amérindiens, pour nettoyer et purifier les énergies d'un lieu ou d'une personne. Son nom vient du latin *salvare* qui signifie guérir. La sauge possède en outre des vertus antimicrobiennes, et sa fumée purifie l'air.

La sauge officinale que l'on trouve en France est un peu moins puissante mais elle est plus locale et tout aussi efficace pour cet usage.

3 autres plantes des campagnes pour ma sérénité

La pharmacopée européenne est riche de nombreuses autres plantes (romarin, laurier…) aux vertus similaires. Beaucoup ont été oubliées, remplacées par des médicaments synthétiques et des produits chimiques, mais il est temps de les redécouvrir !

Le romarin

On le connaît en tant qu'herbe aromatique, il sent bon la Provence et l'été. Le romarin, en infusion, a des propriétés antiseptiques et digestives, il soulage les ventres ballonnés et stressés. En fumigation, il favorise le renouveau et la créativité. Idéal pour accompagner vos rituels, vos nouveaux projets et nouvelles expériences de vie.

Le laurier

Il était utilisé dans la Grèce antique et par les Romains. Il parfume les petits plats et, brûlé dans l'air, il nettoie l'atmosphère, apaise et permet de diminuer le stress.

L'armoise

Très répandue en France, elle pousse au bord des chemins, en lisière de forêt et dans les champs. Elle est surnommée « la mère de toutes les herbes » et a été utilisée de tout temps dans le monde entier. Elle apporte elle aussi apaisement, calme et sérénité et permet de purifier les espaces, pour aider à se libérer du passé et aller vers le renouveau.

DIY : je fabrique mon bâton purificateur aux plantes

Ce qu'il me faut…

- Plusieurs branches de plantes fraîches. Vous pouvez mélanger la sauge au romarin, le laurier et l'armoise, en fonction de leurs vertus mais aussi des plantes que vous trouvez.
- 60 cm de fil épais et naturel (coton, chanvre, laine), pour ne pas brûler de produits chimiques.
- Des ciseaux.
- Des fleurs (en option).

1. Je prépare le bouquet

Si vous avez ramassé vous-même les plantes, secouez-les la tête en bas pour les débarrasser des insectes ou des herbes qui se seraient faufilés entre elles.

Coupez ensuite les branches pour n'en garder que 5 cm environ et pour qu'elles aient toutes la même taille.
Organisez votre bouquet. Placez plutôt les plantes à petites feuilles ou aiguilles à l'intérieur du bouquet et les feuilles plus larges à l'extérieur pour que le bâton s'effrite le moins possible. Si vous utilisez des fleurs décoratives, disposez-les par-dessus les plantes.

2. J'assemble les plantes en bâton

Faites une grande boucle avec les 20 premiers centimètres du fil. Attachez ensuite la base du bouquet, en laissant la boucle à l'extérieur. Elle vous servira à suspendre le bâton une fois terminé.
En serrant bien le fil (en séchant, les plantes vont se rétracter), commencez à saucissonner votre bouquet, en enroulant le fil en diagonale jusqu'à l'extrémité des feuilles. Repartez ensuite dans l'autre sens, vers la base du bouquet, en croisant le fil, dans la diagonale inverse. Refaites un nœud à la base.

3. Je fais sécher

Une fois le bâton terminé, pendez-le au mur par la boucle et laissez-le sécher dans un endroit sec pendant 15 jours au minimum en fonction de l'humidité de la pièce.

Comment utiliser mon bâton de fumigation?

Lorsque le bâton a bien séché, allumez-le puis soufflez sur la flamme comme sur un bâton d'encens pour ne garder que la braise. Les plantes ne brûlent pas toutes facilement, ne vous étonnez pas s'il vous faut rallumer plusieurs fois le bâton.
Le bâton dans une main, placez une coupelle dans l'autre main, sous le bâton, pour les éventuelles braises qui s'échapperaient. Faites ensuite de grands mouvements dans l'air pour laisser voyager la fumée et bien oxygéner la braise.
Vous pouvez nettoyer un objet ou un espace comme votre autel ou encore une pièce en la parcourant avec votre bâton et en laissant la fumée imprégner les objets. Vous pouvez aussi vous nettoyer vous-même en laissant la fumée tournoyer autour de votre tête, de votre buste, de vos jambes. Quelques instants suffisent.
Ouvrez ensuite la fenêtre pour aérer, laisser les énergies libérées quitter la pièce et pour que l'odeur ne reste pas.

Mes cristaux de relaxation

La lithothérapie est une médecine non conventionnelle qui se base sur le pouvoir des pierres pour soigner. Placés sur votre autel, vos cristaux vous accompagneront pendant vos méditations et rituels.

Les principes de la lithothérapie

La lithothérapie dit que les pierres et les minéraux ont des vertus thérapeutiques. Elles émettent des vibrations dont la résonance serait capable d'agir sur le corps pour améliorer le bien-être de la personne à son contact, ou à proximité. Chaque pierre a des vertus particulières. Apaisantes, tonifiantes ou encore équilibrantes. Les cristaux peuvent être disposés sur votre autel ou bien portés sur vous dans une poche, en pendentif, etc.

Comment choisir mes cristaux?

Laissez-vous d'abord guider par votre instinct et allez vers les pierres qui vous attirent. Il s'agit en premier lieu d'une question de feeling. Vous pouvez ensuite demander conseil à une personne formée en lithothérapie.

2 pierres à découvrir pour leurs vertus

- L'améthyste : Cette pierre semi-précieuse est un symbole de sagesse et de sérénité. Elle purifie le corps et l'aura et est capable de revitaliser d'autres cristaux. En lien avec le chakra couronne, elle favorise la connexion spirituelle. Portez-la dans la main pour méditer et ouvrir le 3e œil afin de développer plus de clarté d'esprit et de sérénité..
- Le quartz rose : C'est un cristal de roche. Il doit sa couleur rose à la présence de manganèse et de titane. Le quartz rose est la pierre de l'amour, celui que l'on se porte à soi-même, et redonne confiance. C'est la pierre de la douceur, en lien avec le chakra du cœur. Portez-la contre votre poitrine lors de vos séances de relaxation, et dans la main lors de vos pratiques de pranayama, elle protège les poumons et facilite une respiration douce et sereine. Elle aide également à réguler le système endocrinien. Conservez-la sur votre autel, sans oublier de la nettoyer et de la recharger régulièrement.

Nettoyer et recharger ses cristaux

Les pierres absorbent et accumulent l'énergie des personnes et des choses qui les entourent. Elles ont donc besoin d'être nettoyées et rechargées régulièrement, notamment au contact des éléments de la nature comme la terre.

Il existe plusieurs moyens de nettoyer ses cristaux, mais il est surtout important de le faire en conscience et avec l'intention de les débarrasser de leurs énergies négatives.

- Nettoyage à l'eau claire : vous pouvez tout simplement laver vos cristaux en les laissant tremper une nuit dans un bol d'eau froide, éventuellement additionné de sel non raffiné pour sa capacité à absorber les énergies, ou en les baignant dans un ruisseau ou une rivière d'eau pure.
- Nettoyage par la fumée : si vous avez suivi notre DIY pour fabriquer votre bâton de purification, utilisez-le pour nettoyer vos

pierres. Attention à ne pas le faire trop souvent, surtout avec le quartz rose (il pourrait jaunir).

- Nettoyage par la terre : enterrez vos cristaux à la pleine lune afin que la terre absorbe leurs énergies lourdes et déterrez-les à la nouvelle lune, ils seront nettoyés et parfaitement rechargés.
- Rechargement par l'énergie du Soleil et/ou de la Lune : placez vos cristaux sur le rebord d'une fenêtre une journée pour les recharger à l'énergie solaire. Vous pouvez également les laisser baigner dans la lumière de la Lune une nuit.
- Rechargement par les vibrations des bols chantants : faites tinter votre bol de cristal, vos cymbales tibétaines ou votre tambour chamanique pour purifier l'énergie de vos pierres par la vibration.
- Rechargement dans une géode (roche creuse tapissée de cristaux) d'améthyste ou de quartz : placez vos cristaux dans une géode d'améthyste ou de quartz pour les recharger pleinement en quelques heures.

Mes rituels yoga

Devenir une yogini autonome

Votre espace consacré, vous pouvez vous y installer pour pratiquer le yoga quotidiennement, et en faire un rituel personnel. Même s'il se pratique souvent en cours collectifs, le yoga est une discipline avant tout individuelle. Être une yogini, c'est être autonome dans sa pratique, à l'écoute de son corps et de ses limites. Nul besoin de pratiquer des postures avancées chaque jour, vous pouvez simplement dérouler votre tapis et suivre votre instinct. Notre corps est fait pour bouger et il connaît le chemin, il suffit de lui laisser un peu les rênes et de mettre de côté nos appréhensions et autres injonctions de performance.

Afin de pouvoir vous engager dans une pratique régulière et autonome, il est important d'être bien préparée et équipée.

3 conseils pour votre pratique

1. Si vous débutez le yoga, prenez le temps de tester différents cours

Avant de vous lancer seule, rendez-vous dans un studio de yoga ou bien suivez des cours en ligne (sur la plateforme française Yogaconnect). Il existe beaucoup de styles de yoga,

très différents les uns et des autres. Ne vous découragez pas si un cours ne vous plaît pas. Pour vous orienter, voici les principaux styles de yoga qui pourront vous inspirer dans votre recherche de sérénité…

Le Hatha yoga

Parfait pour débuter, le hatha yoga vous apprendra toutes les bases et les *asanas* (postures), ainsi que la coordination avec le souffle. Le hatha est aussi très intéressant si vous avez besoin de vous poser, de vous ancrer, d'être davantage dans le présent.

Le Vinyasa yoga

Dynamique, le vinyasa est un yoga plus créatif, moins codifié, qui met en mouvement les *asanas* du hatha yoga. Vous pouvez débuter avec du vinyasa tous niveaux si vous avez pratiqué la danse ou la gymnastique ou que vous avez déjà une certaine souplesse, sinon les postures risquent d'être difficiles à enchaîner et vous perdrez les bénéfices de la pratique.

Le Yin yoga

Plus introspectif, c'est un yoga statique, relaxant mais intense. Les postures d'étirements sont tenues 3 à 5 minutes, pour libérer les fascias (tissus conjonctifs qui entourent muscles et organes) et les tensions dans les muscles profonds. Le yin yoga est accessible aux débutants, il permet de ralentir et de prendre vraiment du temps pour soi.

Le Kundalini yoga

Très en vogue ces dernières années, il charme par son originalité et la vitalité qu'il procure. L'énergie Kundalini, force vitale lovée autour du coccyx, est réveillée et activée par le mouvement, la respiration et la pratique des mantras chantés. Le yoga Kundalini est un chemin personnel à la rencontre de votre véritable identité. Rendez-vous dans les pages suivantes pour une immersion dans un rituel de Kundalini yoga.

2. Équipez-vous d'un tapis qui réponde à vos besoins

Vous trouverez sur Internet un grand choix de tapis et matériel de yoga écologique et technique (par exemple sur le site chin-mudra.yoga), une large sélection de tapis de différentes marques, ainsi que des guides pour vous aider à choisir un tapis adapté à votre pratique et à votre corps.

Tous les tapis ne répondent pas aux mêmes critères. Ainsi vous en trouverez de différentes épaisseurs, les plus fins pour voyager, les plus épais pour les genoux sensibles par exemple et pour un meilleur confort. Certains tapis sont particulièrement antidérapants, pour les pratiques dynamiques où l'on transpire.

3. N'hésitez pas à investir dans quelques accessoires

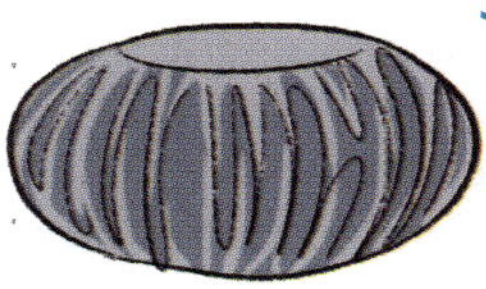

Les 2 indispensables : la brique (en liège ou en mousse) et la sangle. Elles vous aideront à vous installer dans certaines postures lorsque vous manquez de souplesse, vous permettront d'accéder à certaines variations plus adaptées à vous, mais aussi à mieux sentir l'alignement recherché dans les pratiques statiques.

Vous pouvez également investir dans un zafu ou coussin de méditation pour plus de confort lorsque vous méditez en posture assise.

Mon rituel de yoga sur 40 jours

Pour vous initier au Kundalini yoga, pratiquez la méditation qui suit en rituel pendant 40 jours, par exemple à partir de la nouvelle lune (temps idéal pour mettre en place de nouvelles routines). Elle équilibre merveilleusement les hémisphères du cerveau, pour apporter de la neutralité et un maximum de sérénité.

Mon rituel Kundalini

Rituel proposé par Kalyan Jot, professeure de Kundalini yoga
Prévoyez environ environ 15 minutes pour réaliser ce rituel.

Installez-vous dans votre espace sacré et débutez cette méditation en tailleur, le dos bien droit. Prenez quelques instants pour respirer longuement et profondément, puis joignez les paumes de mains en prière devant le cœur.

Chantez 3 fois le mantra d'ouverture : *Ong Namo Guru Deve Namo* (qui signifie : je salue le tout, l'infiniment grand, l'infiniment petit, je salue ma connaissance et ma sagesse intérieure).

Inspirez, retenez le souffle quelques instants puis expirez tranquillement.

Gardez les yeux fermés et concentrez-vous sur le troisième œil (ou 6e chakra).

Chantez le mantra : *Sa Ta Na Ma. Sa* signifie l'infini, *Ta* signifie la vie, *Na* la mort et *Ma* la renaissance. La gestuelle sur chaque syllabe sacrée : sur *Sa*, joignez pouce et index. Sur *Ta*, c'est le majeur qui rejoint le pouce à la place de l'index. Sur *Na*, l'annulaire, et sur *Ma*, le petit doigt.

Pour vous accompagner en fond sonore, rendez-vous sur une plateforme musicale pour trouver la version chantée de ce mantra, appelée *Kirtan kriya*, interprétée par Nirinjan Kaur. **Ce morceau dure 11 minutes.** Suivez la mélodie, tour à tour en chantant à voix haute, en murmurant, puis en chantant mentalement lorsque vous n'entendez que la musique. Les doigts restent en mouvement pendant toute la méditation.

Pour clore le rituel
Ramenez les mains devant le cœur en Anjali Mudra (mains jointes en prière).
Chantez 3 fois le mantra *Sat Nam*, en comptant 7 temps sur *Sat* et 1 temps sur *Nam*, dans une seule expiration. Ayez une pensée de gratitude pour la personne que vous êtes. *Sat Nam!*

Mon année de rendez-vous avec moi

L'année est rythmée de passages, de fêtes et de jours particuliers qui structurent notre quotidien et nous empêchent de nous enliser dans la routine. Accueillir ces moments est un bon moyen de se souvenir qu'à tout moment nous pouvons changer de route, changer d'habitude, d'humeur… et rester maîtresse de notre vie! C'est aussi une façon de ralentir, de lever la tête du guidon. Se créer des rituels, des rendez-vous tout au long de l'année, permet aussi de faire des bilans réguliers, pour faire un point sur notre niveau de sérénité. Alors, ritualisez votre année, prenez des rendez-vous avec vous-même pour garder l'équilibre et vous reconnecter!

Je suis les cycles de la Lune

Se reconnecter aux cycles de la Lune, c'est d'abord se mettre à l'écoute de son rythme naturel. Dans nos sociétés modernes, notre rythme est artificiel. Nous travaillons tard le soir, en hiver comme en été, nous ne respectons plus les saisons pour notre alimentation, ce qui génère du stress et dérègle nos organismes.
Par ailleurs, notre société contemporaine est dominée par un fonctionnement yang qui valorise l'action et qui ne tient pas compte des besoins féminins et des subtilités de son cycle. Pour avoir une vie sereine, il est indispensable de retrouver de l'équilibre au plus profond de nous, de notre fonctionnement biologique. L'intérêt grandissant pour le cycle lunaire et ses similitudes avec le cycle féminin prend tout son sens dans notre société moderne coupée depuis trop longtemps de la nature.

Cycles lunaire et féminin : le combo idéal

On a toujours lié la Lune au féminin. Comme le cycle menstruel, le cycle lunaire compte environ 28 jours et peut influer sur les humeurs et le sommeil, tout comme notre cycle hormonal. On parle d'ailleurs de « lunes » pour désigner les règles.
Se réaligner avec la Lune et ses phases peut nous aider à nous reconnecter à notre propre cycle et à le vivre de manière plus sereine.
Dans la nature et dans l'univers, tout est cyclique. La Terre qui tourne autour du Soleil façonne les saisons et les années, tandis que sa rotation

sur elle-même fait chaque jour se succéder inlassablement la nuit et le jour. La Lune quant à elle, rythme les mois de l'année. La roue de la médecine amérindienne, appelée aussi cercle de vie, qui date de l'âge de pierre, lie et superpose ces cycles, ainsi que le cycle féminin. Chaque phase du cycle correspond à une saison, une énergie, un moment du cycle lunaire, nous aidant ainsi à décoder nos variations d'humeurs, mais également à maintenir notre santé physique, émotionnelle et mentale en équilibre, nous rendant ainsi notre pouvoir personnel d'observation et de guérison.

Les différentes phases de la Lune et leurs liens avec le cycle féminin

La nouvelle lune

C'est le moment où l'astre n'est pas éclairé par la lumière du Soleil. Il correspond aux menstruations dans le cycle féminin, un moment sacré de repos et d'introspection, une page qui se tourne afin de pouvoir accueillir le renouveau. Cette phase correspond également à l'hiver. C'est un moment propice à poser des intentions et les fondations de nos projets. L'énergie créatrice de la lune croissante pourra ensuite nous aider à les faire grandir.

La lune croissante

C'est la phase qui s'étend de la nouvelle à la pleine lune, pendant laquelle l'astre se découvre peu à peu dans le ciel. Il correspond à la phase pré-ovulatoire, empreinte d'une énergie puissante et d'une grande créativité, idéale pour nourrir nos projets. Elle correspond au printemps. La nature refleurit, la sève monte. C'est une promesse de fécondité pour la femme.

La pleine lune

Elle se trouve au milieu du cycle et correspond à l'ovulation, à l'été. C'est la saison de la récolte, de la joie, de la plénitude et du rayonnement, idéale pour accueillir les succès (ou tirer les leçons des échecs) de nos entreprises.

La lune décroissante

Elle rime avec l'automne, lorsque la nature commence à se faner. Cette période de deuil suite à une absence de fécondation correspond au syndrome prémenstruel (ou SPM). C'est un moment pour revenir à soi et s'écouter.
Certaines femmes ont un cycle totalement aligné avec le cycle lunaire mais cela ne veut pas dire que pour être équilibrée il faille avoir ses règles à la nouvelle lune. Connaître les phases de son cycle et se reconnecter au cycle de la lune apporte un soutien précieux pour mieux vivre au quotidien.

Mes rituels avec la Lune

La nouvelle lune et la pleine lune sont des moments propices aux rituels de bien-être. Ponctuer son quotidien de rituels lunaires permet de structurer sa vie, de suivre un rythme plus naturel, en accord avec les éléments, pour une vie plus douce, plus équilibrée et plus sereine.

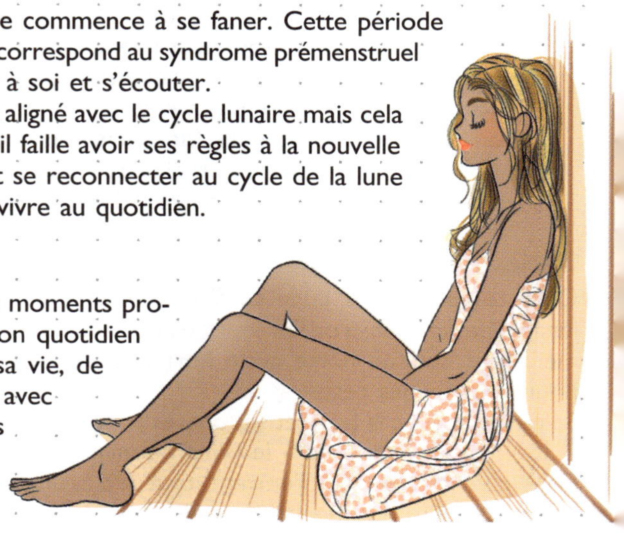

À la nouvelle lune

La nouvelle lune est idéale pour élaborer un rituel ou faire une méditation, car l'astre commence un nouveau cycle et nous invite à faire de même. Que ce moment corresponde ou non au début de votre cycle, vous pouvez suivre l'énergie de la Lune et prendre le temps de vous poser, de laisser le passé derrière vous et de poser les bases de nouveaux projets. La nouvelle lune est synonyme de renouveau. C'est le moment de poser des intentions et de nettoyer votre espace.

Comment je m'y prends? Assurez-vous d'avoir du temps devant vous et d'être au calme. Nettoyez votre espace avec votre bâton de fumigation (voir p. 71). Dans un cahier, posez vos intentions pour le mois ou la période qui commence. Puis répétez-les pour bien les intégrer dans vos dimensions mentale, émotionnelle et physique.

Quand? Le jour de la nouvelle lune ou les quelques jours qui suivent.

À la pleine lune

Autour de la pleine lune, on peut sentir une énergie plus intense, parfois trop intense si elle n'est pas exprimée, perturbant notre humeur et notre sommeil. La pleine lune est le moment du cycle où l'énergie yang, solaire, est la plus forte. C'est un moment de récolte, de célébration, à condition que les émotions s'écoulent naturellement. C'est le moment de les évacuer, de se libérer émotionnellement, pour que transparaisse notre état de joie originel. Criez, sautez, dansez, laissez votre corps s'exprimer!

Comment je m'y prends? Pratiquez la danse intuitive. Mettez une playlist qui vous plaît, alternant morceaux lents et plus rythmés, et bougez comme vous le ressentez. Servez-vous du mouvement comme d'un exutoire, utilisez la musique comme catalyseur, l'espace comme terrain de jeu, et explorez vos sensations, vos émotions, votre énergie. Soyez libre, ne cherchez pas à danser, à reproduire un mouvement, laissez parler votre corps, sautez au rythme des percussions, piétinez, secouez-vous, ondulez comme les vagues, criez comme dans une cour de récréation. Le temps et l'espace vous appartiennent. Vous verrez, c'est extrêmement libérateur!

Quand? Le jour de la pleine lune ou les jours précédents. Bougez jusqu'à vous sentir vidée, puis allongez-vous quelques minutes pour intégrer les effets de ce moment.

Si vous ressentez le besoin d'être guidée dans la danse intuitive, j'organise des ateliers appelés « Full moon méditation en mouvement », pour célébrer ce passage du cycle lunaire et libérer le trop-plein d'émotions. Infos concernant les prochains ateliers sur orianehappylifestyle.com.

Au Nouvel an : laisser le passé derrière soi

Le nouvel an est le moment parfait pour redémarrer et poser des intentions en lien avec vos projets en gestation. Oubliez les bonnes résolutions impossibles à tenir et culpabilisantes… Voici quelques idées originales pour commencer l'année alignée avec vos désirs, et donc sereine.

J'écris mon manifeste

C'est un très bon exercice de développement personnel. Écrire son manifeste, c'est envoyer un message fort à l'univers, sur soi et ses intentions. Se manifester, c'est formuler consciemment qui nous sommes, ce que nous aimons et ce que nous souhaitons, pour que se présentent des personnes et des événements en accord avec cela. C'est sortir de sa coquille pour être vue mais aussi pour voir le monde. Manifestez-vous pour réaliser la vie dont vous rêvez ! Les différentes étapes de ce cahier sur la sérénité vous ont peut-être permis d'y voir plus clair dans votre vie et de mettre en place certains changements. Vous êtes maintenant prête à clamer haut et fort vos intentions, poser votre message et voir ce qui résonne autour de vous, quel écho revient à vous, et comment les choses se mettent en place.

Comment je m'y prends ?

- **Commencez par noter en vrac toutes vos idées** dans un cahier. Posez ce que vous avez envie de mettre au jour pour cette nouvelle année. Notez vos qualités, vos désirs et tout ce qui vous vient à l'esprit en pensant à l'année qui commence. Ce que vous souhaitez réaliser, entreprendre, commencer ou continuer, ce qui compte pour vous aujourd'hui ou depuis toujours. Faites ensuite le tri, supprimez ce qui se répète, reformulez ce qui n'est pas clair. Gardez les idées fortes, les mots clés, les images marquantes.

- **Prenez ensuite une grande feuille de papier** et des feutres de différentes couleurs. Votre manifeste peut être très court et se composer d'une phrase, d'un mantra, d'une citation qui vous porte, ou il peut se composer de mots et d'images formant un collage qui représente vos intentions, un peu comme un vision board. Utilisez des couleurs, notez en plus grand ce qui a le plus d'importance. Votre manifeste doit être le reflet de ce que vous souhaitez être et défendre devant le monde.

- **Exprimez-vous clairement.** Si vous ne savez pas bien ce que vous voulez, vous ne saurez pas bien le réaliser. Écrire son manifeste peut être une façon de visualiser le chemin à parcourir et de vous aider à aller de l'avant, en laissant le passé derrière vous. C'est aussi un rappel écrit, pour ne pas laisser les choses essentielles se dissoudre dans la routine du quotidien, ne pas perdre de vue vos objectifs de vie. Prenez votre temps pour l'écrire, et surtout amusez-vous, faites-en quelque chose de joyeux et un rituel agréable.

Mon bain rituel : le ritual bath

Le ritual bath, bain rituel ou bain thérapeutique, consiste à utiliser sa baignoire pour se nettoyer physiquement et énergétiquement. Un ritual bath peut marquer la fin de votre semaine de travail par exemple, ou encore le début de vos vacances.
La peau est l'organe le plus vaste du corps humain. Elle sert à protéger et envelopper les tissus vivants (derme, muscles, veines, etc.) et assure un espace d'échange entre l'intérieur et l'extérieur. La peau respire, la peau transpire, elle absorbe et elle évacue.
C'est l'un de nos émonctoires les plus importants, qui filtrent et éliminent les déchets du corps.

À quoi ça sert?

En plongeant dans son ritual bath, on utilise la peau comme porte d'entrée et de sortie et l'eau comme vecteur d'énergie. Le liquide va à la fois nous aider à nous décharger et peut aussi nous recharger grâce à des sels, des huiles, des cristaux. L'eau lave le corps et l'esprit. Elle a toujours été présente dans les rituels religieux ou païens. On s'immerge pour se purger, se nettoyer. Le bain thérapeutique a pour but de nous connecter plus en profondeur à nos corps physique, énergétique et émotionnel pour les soigner.
Exit le bain moussant chimique, aujourd'hui le bain est une pratique de bien-être holistique. Se décharger régulièrement de ce qui nous encombre et faire peau neuve est un excellent moyen de préserver sa sérénité!

Je prépare mon rituel de bain

Pour consacrer ce moment ainsi que l'eau thérapeutique, voici quelques conseils suivis de 3 propositions inspirationnelles pour créer votre bain en fonction de vos besoins (détox, self-love et aromatique).

1. **Prenez le temps de créer un décor propice à la sérénité et au bien-être**
Bougies, encens ou huiles essentielles en diffusion, cristaux, musique douce ou mantras : suivez votre intuition, allez vers ce qui fait vibrer votre âme.
2. **Posez une intention pour ce moment**
De quoi souhaitez-vous vous libérer ? De quoi aimeriez-vous vous nourrir ? Choisissez les produits que vous utiliserez en fonction de cette intention (voir les exemples un peu plus loin).
3. **Savonnez-vous avant d'entrer dans l'eau**
Peaux mortes et pollution extérieure risqueraient de faire barrière au soin.

Mon bain détox profonde

Les bienfaits : aider l'organisme à se débarrasser de ses toxines grâce à la chaleur de l'eau qui va ouvrir les pores et favoriser la transpiration ainsi que la détente des muscles et le relâchement de leurs tensions.

Mon mantra pour accompagner mon bain détox : *Om mani padme hum*, un mantra bouddhiste du calme mental, scandé par exemple par la chanteuse Jane Winther (que vous trouverez facilement sur Youtube).

Ma pierre : l'améthyste, qui nettoie les lieux, apaise le chagrin, accompagne le changement, ou le quartz bleu, qui purifie le sang, participe à la désintoxication du corps et active la guérison. Mettez-les dans l'eau, au fond de la baignoire et nettoyez-les après votre bain à l'eau froide.

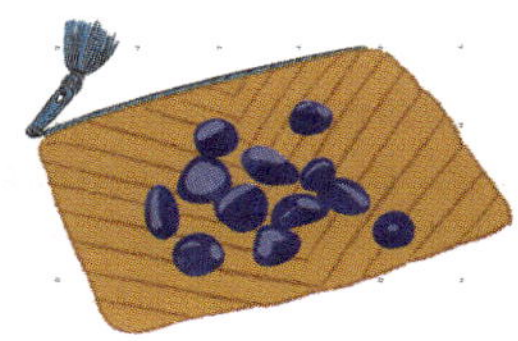

Comment je m'y prends ?

Faites couler un bain chaud (38 °C), et ajoutez-y :

- 3 à 4 cuillères à soupe de poudre d'argile blanche ou 8 galets (en magasin bio). L'argile est merveilleuse en cas d'eczéma et de psoriasis. On l'utilise en naturopathie. Elle absorbe les toxines et sert également à faire mûrir et sortir ce qui en a besoin ;
- 1 à 2 poignées de sels non raffinés de Guérande, d'Epsom ou de l'Himalaya. Ils absorbent les mauvaises énergies et reminéralisent. Vous pouvez également gommer votre peau avec le gros sel avant de le laisser fondre dans l'eau.

Quand? À la fin de la journée ou de la semaine pour vous délester de vos tensions et accumulations, aux changements de saison, avant de démarrer un nouveau projet, une nouvelle étape de vie, après une période émotionnellement intense.

Combien de temps? Pas plus de 20 minutes, pour ne pas en inverser les effets et réabsorber toxines et déchets. Rincez-vous soigneusement avant de sortir.

Mon bain self-love

Les bienfaits : un moment d'amour pour nourrir votre peau et votre cœur de douceur. Le bain est le moment idéal pour nourrir sa peau avec des corps gras qui seront mieux absorbés que par une peau sèche. C'est aussi le moment de vous faire un automassage détente, l'eau chaude et l'huile vous aideront à décrisper vos muscles et assouplir vos tissus en profondeur.

Mon mantra pour accompagner mon bain self-love : *Jap man sat nam*, chanté par Snatam Kaur.

Ma pierre : le quartz rose, à poser sur le cœur.

Comment je m'y prends?
Ajoutez deux cuillères à soupe d'huile d'olive au moment de remplir la baignoire, pour que l'huile se mélange plus facilement. Vous pouvez l'additionner de quelques gouttes d'huile essentielle de rose de Damas *(Rosa damascena)* ou de néroli *(Citrus aurantium)* pour leur odeur envoûtante.

OU

Versez deux briques de 20 cl de lait de coco dans l'eau chaude, l'odeur est un délice et la noix de coco est très hydratante.

OU

Ajoutez 1 l de lait d'avoine dans la baignoire. L'avoine est très douce et apaisante pour les peaux sensibles.

Quand? Dès que vous ressentez le besoin de prendre soin de vous, que vous manquez d'estime de vous, que vous avez besoin d'un shot de bienveillance.

Combien de temps? 20 à 30 minutes. Rincez-vous avant de sortir puis tamponnez-vous avec une serviette pour ne pas assécher la peau. Hydratez et câlinez ensuite votre peau avec une huile végétale aromatisée d'1 goutte d'huile essentielle de rose, par exemple.

Mon bain floral et sensuel

Les bienfaits : Ouvrir les portes de l'inconscient pour se reconnecter à sa sérénité, grâce aux fleurs, plantes aromatiques et huiles essentielles qui offrent mille et une possibilités pour se reconnecter à ses sens.

Mon mantra pour accompagner mon bain aromatique : *Om meditation*, chanté par Deva Premal.

Ma pierre : L'angélite, pierre de la sérénité, de l'harmonie et de la connexion à l'âme, ou l'azurite, pierre de l'inspiration, de l'innovation, qui aide à rêver et créer.

Comment je m'y prends?

Si vous avez un jardin, disséminez dans votre bain les pétales d'une rose parfumée ou émiettez de la lavande (elle est apaisante et relaxante). Si vous les achetez dans le commerce, choisissez des fleurs destinées à la consommation alimentaire pour éviter traitements et produits chimiques.

ET/OU

Ajoutez une poignée de romarin, de thym ou de pin frais bio. Votre bain se transformera en infusion pour la peau et les voies respiratoires. La verveine, quant à elle, possède des vertus sédatives et relaxantes qui agissent sur le système nerveux central.

OU

Ajoutez 2 gouttes d'huile essentielle d'encens oliban *(Boswelia carterii)*. Elle fait partie des huiles sacrées. Très utilisée pour la méditation, c'est un stimulant spirituel. Vous pouvez associer bain et diffusion aérienne pour en accentuer les effets et ouvrir votre conscience à la paix et la sérénité. Cette huile pourra vous aider à aller de l'avant, à vaincre vos peurs et à retrouver la paix intérieure dans les moments difficiles. Vous pouvez en mélanger une dizaine de gouttes à une base neutre, telle une huile végétale, afin qu'elle se disperse plus facilement dans l'eau.

Quand? Optez pour ce bain aromatique et sensuel pour vous reconnecter à vos besoins et vos envies, intégrer profondément une intention, une résolution positive, un mantra.

Combien de temps? 20 à 30 minutes. Rincez-vous avant de sortir.

Conclusion

Dans notre monde moderne, conserver sa sérénité n'est pas une mince affaire, et vous l'avez compris, cela nécessite un véritable engagement, celui de prendre soin de soi.

Quelle est votre manière préférée de vous occuper de vous ? Faire du yoga, vous balader dans la nature, danser pour vous défouler et vous exprimer ? Quels précieux conseils avez-vous gardés de ce cahier sérénité ? Qu'est-ce qui a fait *tilt* ? N'hésitez pas à rouvrir ce cahier régulièrement, c'est un compagnon de voyage, à lire et à relire pour en saisir chaque opportunité. Chaque fois que vous le relirez, notez ce qui a changé dans votre vie. Le chemin vers la sérénité n'a pas de destination finale, c'est un chemin de vie, VOTRE chemin de vie sur lequel plus vous vous connaissez, plus vous accumulez d'outils pour vivre sereinement, avec vous-même et le monde qui vous entoure.

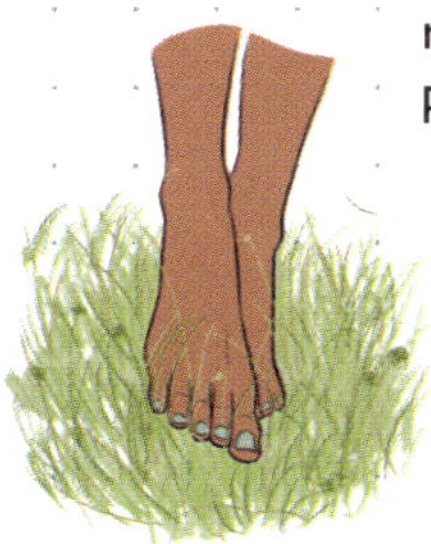

La clé de votre bonheur est en vous, faites-vous confiance, développez votre potentiel bien-être. Bientôt, c'est vous qui conseillerez vos amies pour les aider à rester sereines en toutes circonstances.

Mes notes personnelles

Mes notes personnelles

Mes notes personnelles

Mes notes personnelles

Mes notes personnelles

Mes notes personnelles

Carnet d'adresses

Les sites de l'auteure

https://orianehappylifestyle.com
Instagram : orianehappylifestyle

Mes petites boutiques en ligne préférées

Méditation et relaxation

Synctuition : application de relaxation en musique sur différents thèmes, avec des sons binauraux, pour développer l'intuition.
Evolum : application de méditations guidées, séquences de yoga, sons et musiques de relaxation, oracles, affirmations.
Yoga Connect : studio de yoga en ligne (site et application), en français

Lithothérapie

https://www.larochemere.fr

Boutiques de yoga

Des marques françaises de vêtements et accessoires éthiques autour du yoga :
https://chin-mudra.yoga
https://almalua.com

Green & bio

https://www.greenweez.com : produits zéro déchet, alimentation, huiles essentielles, cosmétiques…
https://www.panier-bio-paris.fr : des paniers de fruits et légumes bios et locaux livrés à Paris et en région parisienne.

BIBLIOGRAPHIE

Développement personnel

- *Le Pouvoir du moment présent*, Eckart Tolle, éd. J'ai Lu, 2010.
- *Les 4 Accords toltèques*, Miguel Ruiz, éd. Jouvence, 2017.
- *Miracle Morning*, Hal Elrod, éd. First, 2016.
- *Ho'oponopono*, Luc Bodin, éd. Jouvence, 2011.

Lithothérapie

Petit guide pratique des cristaux, Philip Permutt, éd. Contre-Dires, 2010.

Food

La Méthode Whole30, Melissa Hartwig et Dallas Hartwig, éd. Le Courrier du Livre, 2017.

Lifestyle

La Magie du rangement au travail, au bureau ou à la maison, Marie Kondo et Scott Sonenshein, éd. Pocket, 2021.

Remerciements

Merci à mon fiancé, ma famille, mes amis et ma belle-famille pour leur soutien.
À Kalyan Jot pour sa participation, à Florence Poulain, à Laure Terrier de la Chaise pour ses conseils en naturopathie.
À Juliette Collonge, ainsi qu'à l'équipe Solar.

MON CAHIER MINCEUR
MON CAHIER MINCEUR
MON CAHIER MINCEUR
MON CAHIER MA GROSSESSE ET MOI
MON CAHIER MON BÉBÉ ET MOI
MON CAHIER VENTRE PLAT SPÉCIAL HOMMES
MON CAHIER VENTRE PLAT
MON CAHIER LA DRAGUE ET MOI
MON CAHIER LE SEXE ET MOI
MON CAHIER 100% ANTI-ÂGE
MON CAHIER DÉTOX
MON CAHIER YOGA
MON CAHIER RUNNING
MON CAHIER ABDOS-FESSIERS
MON CAHIER VEGGIE
MON CAHIER MON DRESSING IDÉAL
MON CAHIER BRÛLE-GRAISSE
MON CAHIER PENSÉE POSITIVE
MON CAHIER ANTI-STRESS
MON CAHIER FORME ET MINCEUR APRÈS BÉBÉ
MON CAHIER RÉGIME PALÉO
MON CAHIER PILATES
MON CAHIER BEAUTÉ
MON CAHIER DIGITAL DÉTOX
MON CAHIER STOP AU SUCRE
MON CAHIER SANS GLUTEN
MON CAHIER FITNESS
MON CAHIER MINCIR AVEC LA MÉDECINE CHINOISE
MON CAHIER YOGA DÉTOX
MON CAHIER AQUAFITNESS
MON CAHIER BEACH BODY
MON CAHIER GREEN DÉTOX
MON CAHIER BODY TRAINING
MON CAHIER RÉGIME TOUT CRU
MON CAHIER MÉDITATION
MON CAHIER HUILES ESSENTIELLES
MON CAHIER BOXE TRAINING
MON CAHIER MON CHAT & MOI
MON CAHIER RANGEMENT FEEL GOOD
MON CAHIER TRAIL RUNNING
MON CAHIER YOGA MÉDITATION
MON CAHIER SOFT FITNESS
MON CAHIER BODY MINCEUR
MON CAHIER HAIR BEAUTY
MON CAHIER JOLIE PEAU
MON CAHIER FITNESS FOOD
MON CAHIER DANSE PILATES
MON CAHIER HYGGE HAPPY THÉRAPIE
MON CAHIER YOGA SCULPT
MON CAHIER TATOUAGE
MON CAHIER YOGA FLOW
MON CAHIER OBSTACLE TRAINING
MON CAHIER PERFECT TIMING
MON CAHIER SUPER ORGANISÉE
MON CAHIER MON BULLET AGENDA
MON CAHIER BULLET AGENDA
MON CAHIER MINCEUR HEALTHY
MON CAHIER MINCEUR ZÉRO SUCRE
MON CAHIER STOP SMOKING
MON CAHIER AYURVEDA
MON CAHIER VÉLO TRAINING
MON CAHIER DÉFI VOYAGE SOLO
MON CAHIER HIIT
MON CAHIER CRISTAL POWER